SPRINGER COMPASS

Herausgegeben von
G. R. Kofer P. Schnupp H. Strunz

Jürgen Hansel Gero Lomnitz

Projektleiter-Praxis

Erfolgreiche Projektabwicklung durch verbesserte Kommunikation und Kooperation

Ein Arbeitsbuch

Mit 23 Abbildungen

Springer-Verlag
Berlin Heidelberg New York
London Paris Tokyo

Dipl.-Kfm. Jürgen Hansel
mbp Software & Systems GmbH
Innere Kanalstraße 69
D-5000 Köln 30

Gero Lomnitz
Dipl. Volks. soz. wiss. R.
Institut für praktische Psychologie
und Organisationsberatung e.V.
Kinkelstraße 14
D-5000 Köln 41

ISBN 3-540-15153-2
Springer-Verlag Berlin Heidelberg New York
ISBN 0-387-15153-2
Springer-Verlag New York Berlin Heidelberg

CIP-Kurztitelaufnahme der Deutschen Bibliothek
Hansel, Jürgen:
Projektleiter-Praxis: erfolgreiche Projektabwicklung durch verb. Kommunikation u. Kooperation; e. Arbeitsbuch / J. Hansel; G. Lomnitz. - Berlin; Heidelberg; New York; London; Paris; Tokyo: Springer, 1987
(Springer compass)
ISBN 3-540-15153-2 (Berlin ...)
ISBN 0-387-15153-2 (New York ...)
NE: Lomnitz, Gero:

Druck: Druckhaus Beltz, Hemsbach/Bergstr.
Bindearbeiten: J. Schäffer OHG, Grünstadt
2145/3140-543210

Vorwort des Herausgebers

Wenn DV-Manager befragt würden, an welcher Stelle ihres Verantwortungsbereiches sie am dringendsten personelle Verstärkung benötigten und den Bedarf am schwierigsten decken könnten, dann würde ein hoher Prozentsatz den Mangel an qualifizierten Projektleitern nennen.

Dieser Mangel kann wohl nicht einfach behoben werden. Die Autoren des vorliegenden Buches zeigen die verschiedenen Rollenelemente auf, die vom Projektleiter gefordert werden: Diagnostiker, Stratege, Architekt, Konfliktmanager, Berater, Lehrer, change agent, Psychologe, Arzt, Revisor, Diplomat, Gruppenleiter und andere mehr.

Projektleiterpositionen sind deshalb vermutlich die anspruchsvollsten, herausforderndsten, interessantesten, anstrengendsten und frustrierendsten Funktionen, die bei Herstellern und Anwendern der Datenverarbeitung zu vergeben sind. Wenn ein DV-Projekt gut gelungen ist, werden vor allem die beteiligten hierarchischen Stellen sehr gelobt, wenn ein Projekt mißlingt, ist der Schuldige in der Regel schnell ausgemacht: der Projektleiter, der "offensichtlich überfordert" war.

Nimmt man die Literatur zur Hand, die sich dem Thema "Projektleitung" widmet, dann kann man nur zu dem Schluß gelangen, daß Projektleitung vor allem ein administratives Problem sei und die Anwendung administrativer Projektplanungs- und -kontrolltechniken den Projekterfolg garantieren könne. Nach den langjährigen Erfahrungen des Herausgebers sind jedoch mangelnde Planungs- und Kontrolltechniken nur sehr selten die Hauptursache für schlecht laufende Projekte, viel häufiger führen eine ungeeignete Projektorganisation sowie Störungen in der Beziehungsebene der Beteiligten und andere im sozial-psychologischen Bereich angesiedelten Probleme zum Projektmißerfolg.

Was also liegt näher, als die organisatorische und "menschliche" Seite der Projektleiterpraxis zu erkunden und transparent zu machen, um daraus Empfehlungen ableiten zu können, die wiederum dem erfolgreichen Projektleiter die Arbeit erleichtern und dem weniger erfolgreichen eine Einsicht in die vermutlichen Ursachen und eine Hilfestellung bei der Planung eines persönlichen Programms zur Qualifikationsverbesserung geben!

Diese nicht ganz leichte Aufgabe hätte nicht von einem Theoretiker geleistet werden können. Glaubwürdig kann ein solches Problem nur von einem interdisziplinären Autorenteam bearbeitet werden, das Gelegenheit hatte, viele Praxiserfahrungen von Projektleitern auszuwerten und auf dieser Basis und unter Hinzuziehung gesicherter Erkenntnisse von Organisationsentwicklung und Psychologie zu plausiblen Erklärungen und fundierten Handlungsanweisungen zu gelangen.

Den beiden Autoren, einem erfahrenen DV-Berater mit ausgeprägter Sensibilität für sozialpsychologische Fragestellungen und einem beratenden Organisationsentwickler mit stark psychologischer Ausrichtung, ist ein leicht lesbares und sehr überzeugendes Werk gelungen, das nicht nur jeder Projektleiter mit Gewinn lesen wird. Jeder Manager findet in diesem Buch Anregungen darüber, was er persönlich dazu beitragen kann, Projektarbeit in seinem Verantwortungsbereich zu erleichtern. Damit führt das Buch von Hansel und Lomnitz die Reihe der Managerbücher innerhalb der Springer-Compass-Reihe im besten Sinne fort.

Dortmund, im November 1986 Horst Strunz

Vorwort

Projektleiter sind Führer auf Zeit, die in der Regel bereichs- und hierarchieübergreifend mehr oder minder komplexe Aufgaben zu lösen haben. Projektleiter - hinter diesem Sammelbegriff verbergen sich sehr unterschiedliche Aufgaben, Rollen und Probleme. Projektarbeit gibt es heute hauptsächlich im ORG/DV-Bereich, in Forschung und Entwicklung und im Vertriebs-/Produktionsbereich, wo es häufig um Kundenprojekte geht. Der Sammelbegriff Projektleiter muß differenziert werden, um den Praxisproblemen gerecht zu werden.

Wer sind unsere Anwender?

Dieses Buch ist vor allem für Projektleiter aus dem ORG/DV-Bereich geschrieben. Anders gesagt: Wir haben uns mit der Projektleiter-Praxis beschäftigt, bei der es vor allem um organisatorische Veränderungsprozesse geht, also um die Veränderungen von Arbeitsabläufen, Arbeitsbedingungen und den daraus resultierenden Auswirkungen auf die Menschen. Aber auch Projektleiter mit anderen Aufgabenstellungen - wie der Bau einer Werkshalle im Kundenauftrag oder der Entwicklung neuer Produkte - können aus unserem Buch Nutzen ziehen, wie wir aus Beratungs- und Seminarerfahrungen wissen. Spezielle Aspekte - so das Verhältnis zu Kunden - findet der Leser in diesem Buch nicht.

Projektleiter-Praxis beruht auf unseren Erfahrungen, die wir als externe und interne Projektmanager, als Organisationsberater in Projekten und als Leiter des Projektleitertrainings[1)] in zahlreichen Firmen und Institutionen im In- und Ausland gewonnen haben. Wir bedanken uns für die vielen Hinweise, die wir von unseren Arbeitspartnern in den Unternehmen bekommen haben. Ohne sie wäre dieses Buch nie geschrieben worden.

---

1) Siehe Anhang: Informationen zum Projektleiter-Training

Wir wollen mit unserem Buch eine Ergänzung zu der klassischen Projektmanagement-Literatur bieten. Geht es in dieser Literatur vor allem um Fragen des "administrativen Projektmanagements" (Planungs- und Kontrollmethoden) und der strukturellen Voraussetzungen, so wenden wir uns vor allem den psycho-sozialen Prozessen der Projektarbeit zu. Außerdem beschäftigen wir uns in mehreren Kapiteln mit den organisatorischen Voraussetzungen erfolgreicher Projektarbeit. Warum? Wir machen immer wieder die Erfahrung, daß Projekte ineffizient verlaufen oder gar scheitern, weil bereits bei der Gestaltung des Projektdesigns und bei der Durchführung zu wenig Augenmerk auf die strukturellen Voraussetzungen und auf die psycho-sozialen Prozesse gelegt wird. Diese Problematik werden wir unseren Lesern näher bringen und praxisnahe Hilfestellung bieten.

Wir möchten Ihnen einen kleinen Einblick in unser "Autorenprojekt" 'Projektleiter-Praxis' geben. Unser Ziel war am Anfang klar definiert: Wir schreiben ein Buch zum Thema psycho-soziale Prozesse im Rahmen der Projektarbeit. Dieses Ziel ist im Laufe der konkreten Arbeit von uns nie in Frage gestellt worden, doch haben wir die einzelnen Teilziele häufig verändert. Änderungswünsche haben manchmal unsere Nerven und unsere Beziehung ganz schön strapaziert. Es gab Phasen in unserem Projekt, wo wir große Mühe hatten, die vereinbarten Zeiten und die besprochenen Aufgaben einzuhalten. Manche Anregung oder Änderungswunsch wurde hart umkämpft, von einem als absolute Notwendigkeit deklariert und vom anderen als "eierlegende Wollmilchsau" diffamiert. Je größer der Zeitdruck und Alltagsbelastungen waren, desto eher traten solche Konflikte auf. Das alles kommt uns aus Projekten sehr bekannt vor.

Unser Dank gilt neben den vielen Projektleitern, die uns Anregungen und kritische Hinweise gegeben haben, vor allem drei Frauen: ohne unsere Sekretärin, die unsere Änderungswünsche immer wieder geduldig verarbeitet hat, wären wir noch nicht fertig. Unser Dank gilt auch unseren Frauen, die auf manchen Sonntagsspaziergang mit ihren Männern verzichten mußten. Auch das soll es ja in anderen Projekten geben. Wir betrachten das heute als Projektfolgekosten, die wir zu verantworten haben.

Köln, im November 1986 Jürgen Hansel Gero Lomnitz

Inhaltsverzeichnis

1 Orientierungshilfe für den Leser

1.1 Ziele des ersten Kapitels

Dieses Einleitungskapitel bietet Ihnen einen Überblick über das Buch. Wir informieren Sie über die Ziele und den Aufbau des Buches sowie über den Inhalt der einzelnen Kapitel. Sie finden hier eine notwendige Abgrenzung zum Thema Projektmanagement im engeren Sinne, um falsche Erwartungen zu vermeiden. Die Ziele müssen klar definiert sein. Dies spielt auch in Projekten eine große Rolle. Außerdem möchten wir Sie mit einigen grundsätzlichen Bemerkungen zum Thema Veränderungen in Unternehmen bekannt machen, damit Sie die Position der Autoren kennenlernen.

Ziele dieses Kapitels:

Sie werden über

- den Inhalt
- den Aufbau
- die Meinung der Autoren zur Gestaltung von organisatorischen Veränderungsprozessen

informiert.

1.2 Projektarbeit - eine organisatorische Notwendigkeit

Die Zahl der Projekte und damit auch der Projektleiter ist in den letzten Jahren immer mehr gestiegen. Die Erklärung dafür ist sehr einfach: Jedes Unternehmen ist heute mehr denn je gezwungen, Entwicklungsprozesse zu planen und zu realisieren, um dem permanenten technologischen, wirtschaftlichen und sozialen Wandel gewachsen zu sein. So hängt beispielsweise die Konkurrenzfähigkeit vieler Unternehmen immer stärker vom schnellen und zielgerichteten Umgang mit internen und externen Informationen ab. Die Fähigkeit zur Innovation ist eine Überlebensfrage für die Unternehmen, denn wer nicht mit der Zeit geht, der geht mit der Zeit. Das ist mit Sicherheit schon immer so gewesen, nur das rasante Tempo der Veränderung ist neu.

Die Komplexität von Entwicklungen verlangt fach- und bereichsübergreifende Kommunikation und Zusammenarbeit. Projektarbeit trägt dieser Forderung Rechnung. "Wenn irgendwo im Unternehmen besonders kreativ, besonders innovativ, besonders effizient gearbeitet, ein neues Konzept entwickelt, eine grundsätzlich neue Lösung gefunden werden muß, ist die Bildung einer Projektgruppe sehr oft der beste, manchmal der einzig gangbare Weg." [1) Angesichts der komplexen Aufgabenstellungen und organisatorischen Notwendigkeiten können sinnvolle Entscheidungen nur noch auf Grund wechselseitiger Abstimmung bereichsübergreifend erarbeitet werden. Dies verlangt intensive, sachbezogene, qualifizierte Zusammenarbeit, das Wegfallen hierarchischer Schranken in der Projektarbeit, eine besondere, der Aufgabe entsprechende Organisationsform: die Projektorganisation.

Längst gibt es in zahlreichen Unternehmen Richtlinien, was man unter einem Projekt zu verstehen hat und was nicht. Wir finden auch eine offizielle Definition des Begriffes Projekt:

Nach DIN 69 900 wird ein Projekt als ein Vorhaben beschrieben, das im wesentlichen gekennzeichnet wird durch

- die Einmaligkeit der Bedingungen (Einmaligkeit der Aufgabe)
- eine definierte Zielvorgabe
- Begrenzungen zeitlicher, finanzieller, personeller oder anderer Art
- Abgrenzung gegenüber anderen Vorhaben
- eine spezifische Organisation.

---

1) Lauterburg/1977/o.S.

Aus diesen einzelnen Punkten ergeben sich eine Fülle von Anforderungen an die Unternehmensführung, an das Management und an den Projektleiter:

Die organisatorische Infrastruktur für ein Projekt - so zum Beispiel eine erfolgsversprechende Projektorganisation oder sinnvolle Tools - muß vorhanden sein, um zu effizienten Ergebnissen zu kommen. Die Methoden, Techniken und Instrumente des "administrativen" Projektmanagements sind vielfältig: Methoden der Terminplanung/-kontrolle, der Budgetplanung/-kontrolle gehören zum Handwerkszeug des Projektleiters. Klare Kompetenzen und eine eindeutige Zielformulierung für das Projekt sind strukturelle Voraussetzungen, die den Erfolg oder Mißerfolg eines Projektes entscheidend beeinflussen. Zu diesen Themen gibt es ein reichhaltiges Literatur- und Kursangebot. Im Anhang finden Sie eine entsprechende Literaturliste.

Doch in vielen Alltagssituationen nutzen formale Definitionen, Richtlinien und das Beherrschen von Methoden des "administrativen" Projektmanagements dem Projektverantwortlichen wenig. Mancher Projektleiter mußte die bittere Erfahrung machen, daß ein Netzplan keine Garantie für Termintreue ist oder eine noch so klar beschriebene Projektorganisation noch keine wirklichen Kompetenzen schafft, wenn man sich nicht daran hält. Das ist dann eben der feine Unterschied zwischen Papier und Wirklichkeit. Betrachten wir doch die Probleme und Fragen von zahlreichen Projektleitern aus sehr unterschiedlichen Firmen. Immer wieder werden uns folgende Schwierigkeiten genannt:

- Wie erreiche ich, daß die erarbeiteten Lösungen vom Fachbereich auch wirklich akzeptiert werden?
- Die Arbeit im Projektteam läuft nicht gut, es kommt in Relation zur abgemessenen Zeit zu wenig dabei heraus!
- Was kann ich tun, um Widerstände im Fachbereich rechtzeitig zu erkennen und abzubauen?
- Ich erhalte nicht die notwendigen Informationen, die ich brauche, um meine Aufgaben termingerecht zu bewältigen!
- Worauf muß der Projektleiter zu Beginn eines Projektes achten, um bestimmte Fehlentwicklungen zu vermeiden?

- Meinungsverschiedenheiten auf hierarchisch höherer Ebene erschweren meine Arbeit, strapazieren meine Nerven, denn diese Konflikte führen immer wieder zu Verzögerungen, für die ich dann verantwortlich bin!
- Wie motiviere ich meine Projektmitarbeiter gerade in schwierigen Phasen, wenn das Projekt auf der Stelle tritt?
- Verantwortlich für das Projekt bin ich, doch Inhalt, Kosten, Zeitrahmen und sogar die Projektmitarbeiter sind von oben bereits bestimmt worden!
- Wie können die Benutzer rechtzeitig informiert und in das Projekt mit einbezogen werden, um Akzeptanz zu erreichen?
- Ich werde von bestimmten Personen aus einem Fachbereich in letzter Zeit häufig in den Sitzungen unsachlich, ja polemisch angegriffen. Am liebsten würde ich mal ordentlich auf den Tisch schlagen!
- Im Projekt treten immer wieder zeitliche Verzögerungen auf, Arbeiten werden vom Fachbereich einfach nicht gemacht, mit dem Hinweis auf dringende Geschäfte. Da hilft mir auch mein Netzplan nicht mehr weiter. - Was soll ich tun?
- Meine Kompetenzen sind formell, auf dem Papier klar geregelt, doch in der Praxis sieht es ganz anders aus, denn bestimmte Personen in diesem Laden halten sich einfach nicht an das, was sie selbst unterschrieben haben!

1.3 Plädoyer für eine ganzheitlich-situative Projektarbeit

Kennen Sie das eine oder andere Problem auch? Diese Fragen beschäftigen uns, die Autoren, in unserer täglichen Arbeit als Projektleiter, Organisationsberater und Seminarleiter immer wieder. Auf diese Fragen wollen Projektleiter Antworten haben. Dies ist in manchen Fällen - bei unproduktiven Gruppensitzungen oder bei der Beantwortung der Frage, wie man einen Info-Markt aufbaut, um die Benutzer aus dem Fachbereich über die Ziele und Vorgehensweise des Projektes zu informieren, recht einfach. In anderen Fällen - bei Hierarchieproblemen oder Meinungsverschiedenheiten auf höherer Ebene - lassen sich Lösungen so einfach nicht finden. Da werden Machtfragen und "eherne Gesetze" der Organisationskultur berührt. Eines erscheint aus unserer Erfahrung offensichtlich: die aufgezeigten Probleme lassen sich nicht nur durch Methoden und Techniken des "administrativen" Projektmanagements lösen, denn die Probleme sind anderer Natur: Kommunikationsprobleme zwischen einzelnen Personen oder auch zwischen betrieblichen Gruppen, Ängste von Mitarbeitern vor Veränderung, Status- und Prestigedenken, ein autoritärer, nicht sachbezogener Umgang mit Macht oder einfach das fehlende Handwerkszeug zur Führung von Projektgruppen (Teamregeln). Unter diesen Gesichtspunkten müssen die geschilderten Probleme durchleuchtet werden.

Professionelles Projektmanagement verlangt mehr als die Kenntnis der Methoden des "administrativen" Projektmanagements. Unsere Kernaussage lautet:

> Zum erfolgreichen Projektmanagement gehört eine ganzheitlich-situative Projektbetrachtung.

Darunter verstehen wir folgendes:

a) Projektleitung erfordert "fachliche" Kompetenz. Organisationsmethoden, EDV-bezogene Techniken, Methoden und Vorgehensweisen müssen dem Projektleiter vertraut sein, um Projekte inhaltlich planen und steuern zu können. Über den Grad der fachlichen Kompetenz können wir hier verständlicherweise keine Aussagen machen. Dies hängt sehr stark von unternehmensinternen Fragen, der spezifischen Aufgabenstellung des Projektleiters, ab.

b) Der Projektleiter muß den "administrativen" Teil des Projektmanagements beherrschen. Methoden der Ressourceplanung und -kontrolle (Budget, Termine, Personal) und die Methoden und Instrumente der Projektablauforganisation (wie z.B. Phasenkonzepte, Dokumentationsmethoden) gehören zum Repertoire.

c) Die strukturellen Voraussetzungen für Projektarbeit müssen stimmen. Ohne eine erfolgsversprechende Projektorganisation mit klaren Kompetenzen und geregelten Entscheidungsprozessen hängt der Projektleiter in der Luft.

d) Der Projektleiter muß auch mit den psycho-sozialen Prozessen im Rahmen der Projektarbeit umgehen können, um seine Projekte erfolgreich zu führen. Hierunter verstehen wir beispielsweise: die Widerstände gegen Veränderungen erkennen und sinnvoll reagieren, Gruppenprozesse richtig einschätzen und steuern, die Klippen bei Projektbeginn sehen und damit Fehler vermeiden, der richtige Umgang mit Macht und Hierarchie.

Der Projektleiter sollte ein Gespür dafür entwickeln, wie er mit seinem Verhalten auf andere wirkt. Dies spielt sowohl in Besprechungen, in Verhandlungen als auch bei Präsentationen eine nicht unerhebliche Rolle. Nicht zuletzt bedeutet der richtige Umgang mit den psycho-sozialen Prozessen, daß der Projektleiter in der Lage ist, situativ angemessen zu reagieren:

Das Richtige tun, zum richtigen Zeitpunkt.

Dafür gibt es bestimmt keine Schubladenrezepte, das verlangt Wissen, das Beherrschen von Methoden und Techniken, Erfahrung und Intuition. [1)]

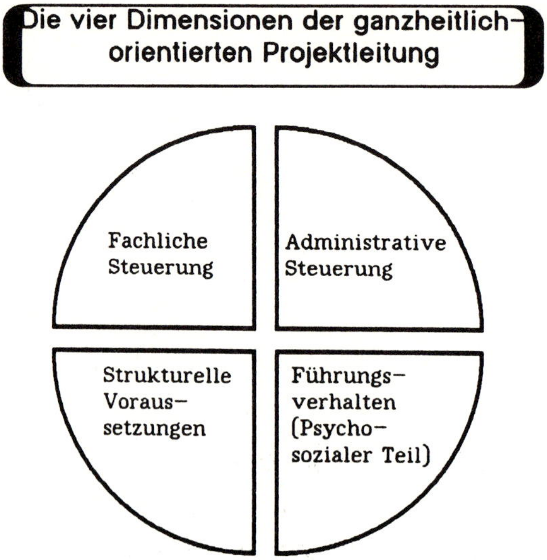

1) Nevis/1983/S. 359ff

Um jedes Mißverständnis zu vermeiden: Dies ist kein Buch zum Thema "Projektmanagement" im engeren Sinne. Sie werden hier vergeblich nach Methoden des "administrativen" Projektmanagements suchen, weder Methoden der Ressourcenplanung noch Dokumentationsmethoden studieren können. Das bedeutet natürlich in keiner Weise, daß wir diesen Teil von Know-how für zweitrangig erklären. Doch unser Thema ist der psycho-soziale Teil im Rahmen der Projektarbeit, da wollen wir Ihnen praktische Tips und Erkenntnisse vermitteln. Wir wollen sowohl das Bewußtsein für die ganzheitliche Projektarbeit vergrößern als auch praxisgerechte Hinweise in diesem Buch erläutern.

1.4 Betroffene zu Beteiligten machen

Wir möchten Sie bereits am Anfang mit unserem Standpunkt über die Vorgehensweise bei organisatorischen Veränderungen bekannt machen. Wir glauben, daß Sie dadurch den Ansatz des Buches und den Inhalt der einzelnen Kapitel besser verstehen und bewerten können.

Die Meinungen darüber, wie Veränderungen und Entwicklungen in den Unternehmen durchgesetzt werden sollen, gehen in Theorie und Praxis erheblich auseinander. Wir wollen drei Vorgehensweisen bei der Gestaltung von Veränderungsprozessen unterscheiden:

a) durch hierarchische Macht
b) durch Manipulation
c) durch Partizipation

Betrachten wir die einzelnen Möglichkeiten etwas genauer. Vorab sei noch bemerkt, daß in der Praxis selbstverständlich Mischformen auftreten.

Zu a) Die Geschäftsleitung ist der Meinung, eine organisatorische Veränderung sei notwendig und beauftragt einen Organisationsspezialisten mit der Lösung der Aufgabe. Die Entscheidung wird im stillen Kämmerlein ohne Einbeziehung der betroffenen Mitarbeiter getroffen. In vielen Fällen werden die Betroffenen nicht einmal gründlich über die geplante

Veränderung informiert, sondern vor vollendete Tatsachen gestellt. Die Autoren halten dieses Vorgehen für ungeeignet, denn

- die geplante Veränderung wird sehr häufig von den Aufgabenträgern, den Benutzern, nicht akzeptiert. Im schlimmsten Falle kommt eine Investitionsruine dabei heraus;
- dieses Vorgehen schafft Unzufriedenheit, Verärgerung und Kränkungen, die Mitarbeiter fühlen sich als Menschen im Unternehmen nicht genug geachtet.

Zu b) Veränderungsprozesse durch den offensichtlichen Einsatz hierarchischer Macht durchsetzen zu wollen, ist "ungeschickt", weil die Betroffenen Widerstände entwickeln können, und die möchte man vermeiden. So wird nicht selten nach "geschickteren" Methoden gesucht, wie Problemlösungen oder Veränderungen durchgesetzt werden können. Bezeichnend ist folgende Frage: "Ich stehe vor dem Problem, wie ich den Leuten die bereits entschiedene Lösung so verkaufen kann, daß sie meinen, sie hätten daran mitgearbeitet. Kennen Sie da nicht ein paar Tricks, taktische Finessen, wie man so etwas am besten macht?". Wir halten diesen Weg für falsch, denn

- in der Regel sind Mitarbeiter nicht so dumm und merken sehr genau, wie "ernst" es um ihre Mitarbeit wirklich bestellt ist. Auf diese Weise entsteht Mißtrauen im Unternehmen und das kann nicht gewünscht sein. Die erarbeitete Lösung wird nicht akzeptiert, die Wirtschaftlichkeit des Projektes leidet.
- Wir lehnen Manipulation als Führungsmittel, als Umgangsform, ab. Dies entspricht nicht unserem Führungsverständnis, unseren Werten.

Zu c) Wir glauben, daß sachlich fundierte und akzeptierte Lösungen am besten durch partizipatives Vorgehen - durch die Beteiligung der Betroffenen im Rahmen der Projektarbeit - erreicht werden können.

Wir wissen aus eigener Erfahrung sehr genau, daß dies nicht immer einfach ist und für den einzelnen, für Gruppen und für das Unternehmen nur durch einen dauerhaften Lernprozeß zu erreichen ist. Das geht nicht von heute auf morgen und kann nur situativ betrachtet werden. Die

Einbeziehung der betroffenen Mitarbeiter kann sich auf die Planungs-, die Realisierungs-und Kontrollphase eines Projektes beziehen. Das ist im Einzelfall zu prüfen und zu entscheiden. Ohne die Einbeziehung der betroffenen Mitarbeiter leidet in manchen Fällen die Qualität der Lösung, denn oft sind doch die Mitarbeiter, deren Arbeitsplätze verändert werden, die Experten ihrer Arbeit.

Die Mitarbeit in Projekten richtet sich doch immer weniger nach der hierarchischen Stellung und immer mehr nach der fachlichen Kompetenz in bestimmten Aufgabengebieten. Die Folge ist, daß mehr Mitarbeiter verschiedenster Abteilungen und mehr Mitarbeiter unterer Hierarchiestufen in den Planungs- und Entscheidungsprozeß einbezogen sind. Wenn die Betroffenen nicht zu Beteiligten gemacht werden, treten häufig Akzeptanzprobleme auf. Letztlich jedoch entscheidet die Akzeptanz des Benutzers, ob ein Projekt erfolgreich ist oder nicht. Was nutzt eine gut kalkulierte Wirtschaftlichkeitsrechnung, wenn der Mitarbeiter mit dem neuen System nicht arbeitet. Noch so elegante Systemlösungen sind Spielereien, wenn der Benutzer sie nicht nutzt, und darauf kommt es an. Die Autoren gehen davon aus, daß partizipatives Vorgehen in Projekten Vorteile bringt:

- für das Unternehmen:
  es werden sachlich sinnvolle Lösungen entwickelt;
- für den betroffenen Mitarbeiter:
  er wird gefragt, akzeptiert und kann mitgestalten;
- für Sie als Projektleiter,
  weil auf diese Weise Ihre Arbeit einfacher wird und auch mehr Spaß macht.

1.5 Der Aufbau des Buches

Projektleiter-Praxis ist von uns als Arbeitsbuch gedacht. Dabei soll Ihnen der folgende Aufbau der einzelnen Kapitel behilflich sein:

1. Jedes Kapitel beginnt mit einer Übersicht. Sie können sich auf diese Weise schnell über den Inhalt des jeweiligen Kapitels informieren.

2. Anschließend stellen wir die Praxisprobleme der Projektleiter zum entsprechenden Themenkreis dar. Sie können prüfen, ob Sie die geschilderten Probleme auch aus Ihrer Praxis kennen.

3. Es folgt im dritten Abschnitt die inhaltliche Erläuterung des Themenkreises. Sie bekommen hier die notwendige "Hintergrundmusik". Dazu gehört auch ein wenig praxisbezogene Theorie.

4. Im letzten Abschnitt eines Kapitels finden Sie Merkblätter, Checklisten und Fragebögen, all das, was Sie für Ihre tägliche Praxis brauchen können. Bitte prüfen Sie bei der Verwendung dieses Arbeitsmaterials, ob es in dieser Form für Ihre Aufgabenstellung stimmt. Möglicherweise müssen Sie Modifikationen vornehmen, die Ihrer Praxis entsprechen.

1.6 Was Sie in den einzelnen Kapiteln finden können

Kapitel 2 bildet die konzeptionelle Grundlage des Buches. Wir möchten Ihnen mit Hilfe des offenen sozio-technischen Ansatzes (OSTO) ein ganzheitliches Verständnis von Organisation und Projektarbeit vermitteln. Wir erläutern, was wir unter ganzheitlich-situativer Projektarbeit verstehen und welche Konsequenzen sich daraus für Projektleitung ergeben.

Kapitel 3 geht von der These aus: "Sage mir, wie ein Projekt beginnt und ich sage dir, wie es endet." Sie finden hier Hinweise zum Projektbeginn. Wir stellen Ihnen vor, wie Sie auf der Grundlage der Situationsanalyse eine Projektstrategie gestalten können, und gehen auf die Bedeutung der ersten Projektsitzung ein.

Kapitel 4 beschäftigt sich mit der Führung von Projektgruppen nach dem Motto: "Führer können eine Gruppe machen oder auch kaputtmachen." Wir geben Hinweise und Regeln zur Projektgruppenarbeit, denn dies gehört zum Handwerkszeug des Projektleiters.

Kapitel 5 beschreibt das Basisverhalten und Techniken der Gesprächsführung. Sie lesen Hinweise zur Verbesserung der Kommunikation, denn die Art und Weise der Gesprächsführung spielt für den Projekterfolg eine gewichtige Rolle.

Kapitel 6 beinhaltet das Thema "Der Einfluß von Macht und Hierarchie in der Projektarbeit." Wir haben sowohl die strukturelle Komponente der Problematik beschrieben als auch die Verhaltensaspekte.

Kapitel 7 macht Sie mit dem Thema "Widerstand bei Veränderungsprozessen" vertraut, denn Akzeptanzprobleme können Ihre Arbeit bekanntlich sehr erschweren.

Kapitel 8 beschäftigt sich mit Partizipation bei Veränderungen. Wir stellen Ihnen Partizipationsansätze dar und beschreiben Fragen der Einführungsstrategie von partizipativen Veränderungsprozessen.

Kapitel 9 ist dem Projektabschluß gewidmet, ein allzuoft vernachlässigtes Thema. Wir beschreiben die spezifischen psycho-sozialen Probleme des Projektabschlusses und geben Ihnen Hinweise, wie Sie den Projektabschluß bewußt gestalten können.

Kapitel 10 - unser Abschlußkapitel - beinhaltet das Anforderungsprofil des Projektleiters. Es geht hier um die Frage, was der Projektleiter beherrschen sollte und welche Lernchancen sich daraus ableiten lassen.

Im Anhang erläutern wir Ihnen die Konzeption unseres Projektleiter-Trainings, das wir seit 1984 als unternehmensinterne Trainings und als öffentliche Veranstaltung im In- und Ausland anbieten. Außerdem finden Sie im Anhang eine Literaturliste.

2 Ganzheitlich-situative Projektarbeit - Was ist das und was folgt daraus für die Projektarbeit?

2.1 Ziele des zweiten Kapitels

Bereits im 1. Kapitel konnten Sie unsere Kernaussage lesen:

> "Zu einem erfolgreichen Projektmanagement gehört eine ganzheitlich-situative Projektbetrachtung."

Wir haben in diesem Zusammenhang von der Notwendigkeit gesprochen, daß neben den fachlichen und strukturellen Voraussetzungen sowie dem administrativen Teil des Projektmanagements auch die psycho-sozialen Prozesse ihre Berücksichtigung finden.

Gleiche Gedankengänge sind vielerorts zu hören und zu lesen, häufig verbunden mit einer Kritik an den traditionellen Organisationslehren und den negativen Erfahrungen, die bei der Einführung neuer Systeme gemacht wurden. Stellvertretend für viele wollen wir zwei Aussagen nennen:

- Der kaufmännische Vorstand - der DV/ORG-Bereich ist dort zugeordnet - eines bedeutenden deutschen Unternehmens machte auf einer Tagung des DV/ORG-Bereiches folgende Bemerkungen: "Wir alle müssen stärker als in der Vergangenheit die notwendigen Veränderungen ganzheitlich angehen, also die Wechselwirkungen zwischen 'Mensch - Maschine - Zahlen' genauer beachten und danach handeln. So werden wir künftig bei der Zielformulierung von Projekten neben den wirtschaftlichen, technischen und organisatorischen Projektzielen sehr viel stärker auch die sozialen Projektziele beachten. Dies betrifft natürlich auch die Vorgehensweise in der Projektarbeit. Nur so werden wir in Zukunft unseren Hauptaufgaben gerecht: die Leistungsstärke des Unternehmens festigen und sinnvoll ausbauen, die Zufriedenheit der

Mitarbeiter dieses Unternehmens beachten und unseren gesellschaftlichen Verpflichtungen nachkommen."

- "Die Organisationslehre befaßt sich bis heute zu sehr mit den Funktionen, ihren Aufgaben und dem Instrumentarium der Organisationstechnik. Was fehlt, ist das Denken in ganzheitlichen Systemen". [1)]

Wir brauchen ein anderes Verständnis von Organisation [2)]. Die Rufe nach ganzheitlichem Denken sind sicher nicht nur ein Modetrend, auch wenn dieser Eindruck dadurch leicht entstehen kann, weil Begriffe wie ganzheitlich oder ganzheitliche Systementwicklung wie Pilze aus dem Boden schießen. Doch was heißt eigentlich ganzheitliches Denken in Organisationen und im Rahmen der Projektarbeit? Welche praktischen Konsequenzen folgen daraus für den Projektleiter? Diesen Fragen werden wir nachgehen.

Die Forderungen nach ganzheitlicher Orientierung der Projektarbeit wird deutlicher, wenn wir uns die Probleme anschauen, die im Rahmen von Veränderungsprojekten auftreten können. Mit Hilfe des sozio-technischen Systemansatzes wollen wir Ihnen ein ganzheitliches Organisationsverständnis vermitteln. Denn ohne ein verändertes Organisationsverständnis wird sich auch Projektarbeit nicht wandeln.

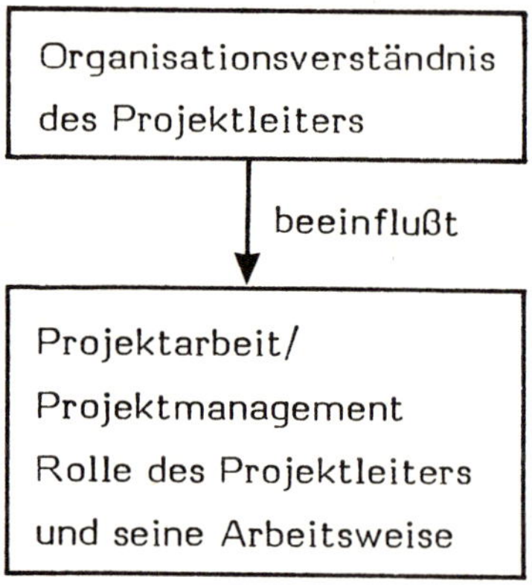

---

1) Fliege/1985/S. 59

2) Wir verwenden den Begriff Organisation häufiger im Sinne von Unternehmen oder Institutionen.

Schließlich erläutern wir Ihnen in diesem Kapitel noch, was wir unter situativer Projektarbeit verstehen. Wir haben damit die konzeptionelle Grundlage zum Verständnis der anderen Kapitel geschaffen. Dabei haben wir bewußt auf allzu viel Theorie verzichtet.

Ziele dieses Kapitels:

- Sie werden über die Bedeutung einer ganzheitlich orientierten Projektarbeit mit Hilfe des offenen sozio-technischen Ansatzes informiert.
- Wir erläutern, was wir unter dem Begriff "situative Projektarbeit" verstehen.
- Sie erfahren, welche praktischen Konsequenzen sich daraus ergeben.

2.2 Problemübersicht

Schauen wir uns die Praxisprobleme doch einmal an, die zu den Forderungen geführt haben, Veränderungsprozesse ganzheitlich zu planen und zu verwirklichen. Was bedeutet es denn, wenn die Wechselwirkungen zwischen "Mensch - Maschine - Zahl" zu wenig beachtet werden?

- Bei der Einführung von CAD in der Konstruktionsabteilung eines mittelständischen Unternehmens sind die Veränderer (der Projektleiter und externe Experten) so sehr auf die Technologie fixiert, daß die klimatischen Veränderungen viel zu spät wahrgenommen werden. Unter den Konstrukteuren ist erhebliche Unruhe entstanden, weil man Rationalisierungsmaßnahmen, Entlassungen befürchtete. Die Folge: zwei Konstrukteure sahen sich nach einem anderen Arbeitgeber um, und es kam zu erheblichen Verzögerungen bei den Fertigungsterminen. Offenbar hatte man die "sozialen Folgekosten" nicht beachtet.
- Die Mitarbeiter der Auftragsabwicklung akzeptierten die neue Systemlösung nicht, weil sie auf Grund der schlechten Informationspolitik fürchteten, daß die Anforderungen und die

Kontrolle erheblich steigen würden. Es gab ständigen Ärger und Motivationsverluste. Der Abteilungsleiter konnte Überstunden kaum mehr durchsetzen. Der Außendienst reklamierte den Leistungsabfall der Auftragsabwicklung, Kunden reklamierten.

- Die sozialen Auswirkungen des Projektes 'Reorganisation Kostenrechnung' wurden nicht beachtet und es kam zu Widerständen. Diese Probleme blieben nicht ohne Konsequenzen für zukünftige Projekte: die Mitarbeiter hatten negative Erwartungshaltungen aufgebaut, die in den Folgeprojekten zu Zeitverzögerungen und Produktivitätsverlusten führten. Der Projektleiter des Folgeprojektes muß einen Teil der "Suppe auslöffeln, die ihm andere eingebrockt hatten".

2.3 Ganzheitlich-situative Projektarbeit

2.3.1 Das Unternehmen als offenes sozio-techno-ökonomisches System (OSTO)

Jedes Unternehmen, gleichgültig ob es sich um einen Industriebetrieb, eine Versicherung, ein Krankenhaus oder um ein Rechenzentrum von mehreren Banken handelt, kann als ein offenes sozio-techno-ökonomisches System verstanden werden. Dieser sogenannte OSTO-Ansatz hilft uns, unser bestehendes Organisationsverständnis zu überdenken und zu erweitern. Durch das Denken in Systemzusammenhängen wird die Realität von Unternehmen, mit all ihren vielseitigen Abhängigkeiten, plastisch erfaßt.

Bildlich läßt sich der OSTO-Ansatz folgendermaßen darstellen: 1)

---

1) Rieckmann/1982/S. 2

Der OSTO–Ansatz

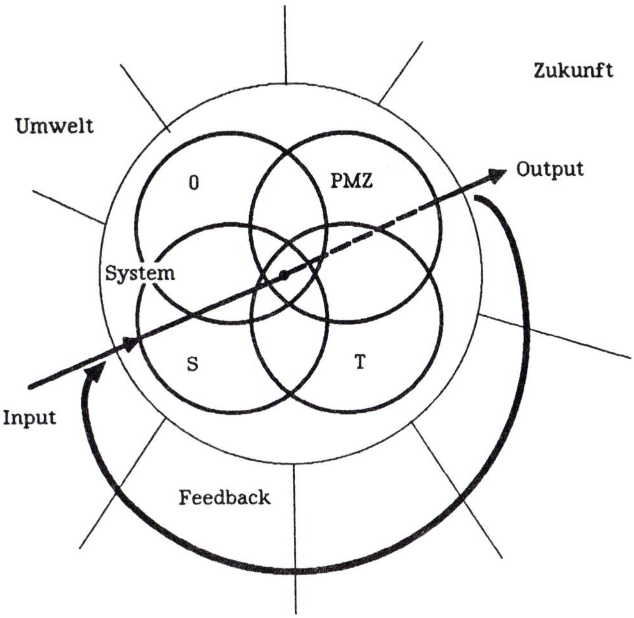

Betrachten wir die einzelnen Subsysteme des Unternehmens etwas genauer:

- Jedes Unternehmen ist ein offenes System, d.h. es steht mit seiner Umwelt in vielfältigen dynamischen Austauschbeziehungen. Sehr abstrakt formuliert können wir sagen: die unterschiedlichsten Einflüsse gehen in das Unternehmen hinein (Input), werden dort verarbeitet (Transformationsprozeß) und unterschiedliche Ergebnisse gehen hinaus (Output).

  Zum Input gehören: Kundenaufträge, Rohstoffe, Energiepreise, Informationen, neue technologische Entwicklungen auf dem Markt, Wettbewerbsaktivitäten, gesetzliche Auflagen, der Wertewandel in der Gesellschaft, kurzum, eine ungeheure Menge an materiellen und immateriellen Einflußgrößen. Das gleiche gilt selbstverständlich auch für den Output: nicht nur Produkte oder Dienstleistungen gehen aus dem Unternehmen hinaus, sondern auch das Image des Unternehmens oder Umweltbelastungen sind Output.

Bei der Projektarbeit geht der Input von neuen Software-Entwicklungen über Datenschutzgesetze, Tarifvereinbarungen bis hin zur Veränderung sozio-kultureller Normen und Werte. So weist Grochla darauf hin, "daß die Einstellung (Attitüde) der Benutzer gegenüber Informationstechnologien im Jahre 1982 weniger positiv ist als im Jahre 1974. Hier scheint es sich um einen allgemeinen Trend zu handeln, dem bei der Gestaltung von Informationssystemen ganz besondere Beachtung beigemessen werden muß". [1] Auch die teilweise hohen Erwartungen der Benutzer - nicht unwesentlich durch die Werbung der Herstellerfirmen geprägt - sind ein Input, der für den Projektleiter aus dem ORG/DV-Bereich von Bedeutung sein kann.

Durch den Einsatz neuer Technologien in Produktion, Konstruktion oder in den Büros werden teilweise Arbeitsplätze abgebaut. Auch das gehört mit zum Output eines Unternehmens, ist Ergebnis der Verwirklichung von Projektzielen.

Ulich weist zu Recht darauf hin, daß zu ganzheitlichen Lösungen auch Überlegungen gehören, "wie verhindert werden kann, daß als Folge der verbreiteten Anwendung neuer Technologien bestimmte Personengruppen vor existenzielle Probleme gestellt werden. Wenn etwa als Folge der Einführung von CAD zahlreiche Arbeitsplätze für technische Zeichner entfallen, so stellt dies beispielsweise eine konkrete Bedrohung für die Gruppe der Gehörlosen dar, für die der Beruf des technischen Zeichners zu den sogenannten Spitzenberufen zählt". [2]

Mit diesen Überlegungen sprechen wir ein für manchen Projektleiter sehr schwieriges Thema an. Aus Gesprächen wissen wir, daß solche Fragen persönlich konfrontieren, nicht zuletzt wegen der eigenen Ohnmacht, die damit verbunden ist. Denn inwieweit solche Überlegungen in die Projektarbeit einfließen, ist sicher nicht durch den Projektleiter bestimmbar. Der Umgang mit diesen Fragen wird durch die Wertvorstellung der Organisation, durch die Einstellung der Geschäftsführung, durch die wirtschaftliche Situation des

---

1) Grochla/1984/S. 13

2) Ulich/1984/S. 45

Unternehmens und durch die auf das Unternehmen einwirkenden gesellschaftlichen Kräfte beeinflußt. Dennoch sind wir der Meinung, daß die Reflektion solcher Fragen zur Projektleiter-Praxis gehört.

- Zum sozio-Bereich (soziales Subsystem) der Organisation gehören die Menschen mit ihrer Einstellung zur Arbeit, die Interessen und Erwartungen, das Betriebsklima, die Art und Weise der Kommunikation, die Gefühle der Mitarbeiter, ihre Hoffnungen und Ängste, der Umgang mit Macht und Autorität, die herrschenden Normen der Organisation, die Phantasien, die übereinander bestehen und vieles mehr. Bei organisatorischen Veränderungsprozessen sind die Auswirkungen von 'Sachentscheidungen' auf das soziale Subsystem allzuoft nicht ausreichend beachtet worden. "Die Euphorie für die Technologie hat diese Zusammenhänge oft aus dem Blickfeld gerückt und die menschlichen, sozialen und organisatorischen Auswirkungen verniedlicht. Das ist insofern paradox, als es das soziale System mit seiner großen Flexibilität, der in ihm gespeicherten Kreativität und Sachkompetenz ist, das das Funktionieren des Gesamtsystems letztendlich gewährleistet." [1)]

- Unter dem ökonomischen Subsystem versteht man die Umsatz- und Kostendaten, die Rentabilitätsrechnungen und natürlich auch die Wirtschaftlichkeitsrechnung im Rahmen der Projektarbeit. Durch Rückschläge im Projekt, durch Zeitverzögerungen oder Widerstände aus den Fachbereichen ist schon manche Wirtschaftlichkeitsrechnung über den Haufen geworfen worden. Auf diese Weise wird die Interdependenz zwischen den Subsystemen sehr deutlich.

- Zum technischen Subsystem des Unternehmens zählen Gebäude, Produktionsmaschinen, die Arbeitsmittel, die im Unternehmen vorhandenen Computer bis hin zum Taschenrechner.

- Zum Subsystem Produkt-Markt-Zukunft gehören die Produkte, die das Unternehmen anbietet, ihre Qualität und ihre Zukunftschancen auf dem Markt. Durch zuverlässige, detaillierte und aktuelle Daten wird die Reaktionsfähigkeit des Unternehmens am Markt erhöht.

---

1) Braune-Krickau/o.J./S. 3

Auch hier sehen wir wieder die Vernetzung zwischen den beschriebenen Subsystemen.

Wir haben nun die verschiedenen Subsysteme des OSTO-Ansatzes kurz dargestellt und es stellt sich die Frage, welche Schlußfolgerungen wir daraus ziehen können:

Bei der wachsenden Komplexität der Probleme können effektive Lösungen nur noch dann sinnvoll erarbeitet werden, wenn die vielfältigen Vernetzungen, die zwischen den verschiedenen Subsystemen bestehen, beachtet werden. Diese Vernetzungen erkennen und verstehen, das heißt ganzheitliches Denken. Ihnen bei der Gestaltung von Veränderungsprozessen Rechnung tragen, das heißt ganzheitliches Handeln. Und das sollte bei der Projektarbeit im Auge behalten werden.

Vielleicht bekommt der eine oder andere Leser bei diesen Ausführungen ein unbehagliches oder gar resignatives Gefühl? Bedeutet das nicht, daß der Projektleiter, der eine ganzheitliche Sichtweise seiner Arbeit entwickeln möchte, eine Art Supermann/Superfrau sein muß? Muß er nicht neben seinen fachlichen Fähigkeiten noch Psychologe, Soziologe, Betriebswirt und weiß Gott nicht noch alles sein? Nun, dies zu verlangen wäre unsinnig, weil unrealistisch. Doch ein Gespür für Zusammenhänge zu entwickeln und auch die Auswirkungen der Projektarbeit auf Menschen zu erkennen, das sollte er schon lernen. So halten wir es beispielsweise für wichtig, daß der Projektleiter in der Lage ist, sich die Betroffenheit von Mitarbeitern bereits bei der Projektplanung zu verdeutlichen, schon um Akzeptanzprobleme zu vermeiden. Selbstverständlich hat die ganzheitliche Sichtweise von Projektarbeit Auswirkungen auf das Rollenverständnis und die Arbeitsweise des Projektleiters. In einigen Firmen, die wir beraten haben, wurde am Rollenverständnis des Projektleiters unter der Fragestellung gearbeitet: "Stimmt unser heutiges Rollenverständnis als Projektleiter noch mit den Anforderungen, die an uns gestellt werden, überein?". [1]

---

1) Lomnitz/1984/o.S.

An einem Praxisfall aus der Projektarbeit eines deutschen Großunternehmens wollen wir nun darstellen, was es für den Projektleiter bedeutet, die Interdependenzen zwischen den Subsystemen zu berücksichtigen. Es handelt sich bei diesem Projekt um ein umfangreiches Reorganisationsprojekt in einem großen Verwaltungsbereich, das notwendig ist, um den gestiegenen Anforderungen anderer Unternehmensbereiche, Zahlen schneller und zuverlässiger zu erhalten, zu entsprechen. Die Reorganisation bringt erhebliche Veränderungen von Arbeitsinhalten, Arbeitsabläufen, Arbeitsmitteln (Bildschirm) mit sich. Neben den technischen, wirtschaftlichen und organisatorischen Projektzielen kommt in diesem Projekt auch dem sozialen Projektziel eine erhebliche Bedeutung zu, denn die Auftraggeber des Projektes legten bereits in Vorgesprächen großen Wert auf die Akzeptanz der Lösung. Deshalb wurde zu Projektbeginn intensiv geprüft, welche Auswirkungen diese Maßnahme auf das soziale Subsystem des Bereiches hat. Die Darstellung auf der folgenden Seite gibt lediglich einen Teilausschnitt in gekürzter Form wieder.

Diese Analyse wurde zu einem sehr frühen Zeitpunkt umfassend von einem Team mit Hilfe eines Beraters für alle betroffenen Bereiche durchgeführt. Die Maßnahme -mit Geschäftsführung und Betriebsrat sowie anderen Stellen (Personalabteilung) abgesprochen - hatte den Vorteil, daß von Anfang an mögliche Schwierigkeiten erkannt wurden. Alle Mitarbeiter wurden sehr früh über diese Ergebnisse und über Lösungswege informiert, um die Akzeptanz in diesem umfassenden Reorganisationsprojekt zu erreichen.

An diesem Beispiel soll verdeutlicht werden, was ganzheitliche Sichtweise bei der Gestaltung von Veränderungsprojekten bedeutet: die Interdependenzen zwischen den einzelnen Subsystemen erkennen und damit proaktiv arbeiten, d.h. bereits in der Projektplanung entsprechende Maßnahmen zu entwickeln und nicht so lange zu warten, bis das Kind in den Brunnen gefallen ist. Akzeptanzprobleme und Produktivitätsverluste lassen sich bei dieser Vorgehensweise eher vermeiden.

Wer ist betroffen? Abteilung	Wie verändert sich die Arbeit? Arbeitsinhalt/ Arbeitsablauf	Was bedeutet die Veränderung für die betroffenen Mitarbeiter in den einzelnen Abteilungen auf den verschiedenen Hierarchiestufen
	ablauforganisatorischer, technologischer Wandel	sozio-Bereich
Abteilung Leistungsdatenerfassung -	es kommen neue Arbeitsgänge hinzu, die bisher von anderen Abteilungen gemacht wurden.	<u>(1) Qualifikation</u> Die neuen, umfangreicheren Abläufe müssen verstanden werden.
-	Die Mitarbeiter müssen künftig mit anderen Geräten arbeiten. (Bildschirm, Handlesestift)	Die Mitarbeiter müssen mit den neuen Geräten umgehen können. Das verlangt intensive Schulung.
-	Die alten Räume reichen nicht mehr aus. Neue Räume müssen angemietet werden.	<u>(2) Soziale Auswirkungen</u> Kollegen aus Abteilungen, die aufgelöst werden, müssen integriert werden. Dazu gehört auch die Aufteilung auf die neuen Räume .
-	Neue Geräte kommen zum Einsatz, um den Arbeitsanfall zu bewältigen.	In einer Abteilung arbeiten einige Schwerbehinderte. Es muß genau geprüft werden, inwieweit diese Mitarbeiter mit den neuen Geräten arbeiten können. Ggfs. müssen alternative Lösungen gefunden werden.

2.3.2 Was bedeutet situative Projektleitung?

Was wir unter dem Begriff 'situative Projektleitung' verstehen, könnten wir auf einen ganz kurzen Nenner bringen:

<u>Das Richtige tun, zum richtigen Zeitpunkt.</u>

Natürlich wollen wir etwas genauer auf situative Projektleitung eingehen, um Ihnen die Bedeutung dieser Vorgehensweise zu erläutern. Wir sind der Meinung, daß der Projektleiter situativ - der jeweiligen Lage entsprechend

- handeln sollte, denn es gibt nicht die optimale Strategie zur Lösung aller Probleme oder das immer richtige Verhalten im Umgang mit Projektmitarbeitern und Betroffenen. Nehmen wir die Partizipation von Mitarbeitern einer Fachabteilung: prinzipiell sind wir der Meinung, daß bei der Planung und Realisierung von organisatorischen Veränderungsprozessen die 'Betroffenen zu Beteiligten' werden sollten. Wir sprechen uns also für partizipative Systemgestaltung aus (siehe Kapitel 8). Aber der Grad von Partizipation kann nicht in pauschaler Weise bestimmt werden, sondern muß selbstverständlich der Situation im jeweiligen Projekt mit all den dazugehörigen Faktoren entsprechen. Hier spielen sowohl die bisher gemachten Erfahrungen innerhalb eines Unternehmens bzw. eines Bereiches, der Qualifikationsgrad der Mitarbeiter, die bestehenden Normen und Werte als auch die Ziele des Projektes selbst eine Rolle.

Eine wesentliche Aufgabe des Projektleiters besteht darin, "den Zustand des Projektes" richtig einzuschätzen, um die Ziele zu realisieren. Das verlangt immer eine Prüfung von Situationen:

- Werden die Zeitpläne eingehalten?
- Läßt sich die entwickelte Idee dem Fachbereich oder dem Vorstand verkaufen?
- Ist die Projektgruppe arbeitsfähig?
- Reicht der Informationsstand der Fachabteilungen aus?

All das sind Fragen, die vom Projektleiter geprüft werden müssen, um entsprechend situativ zu agieren und zu reagieren. Dazu gibt es eine Menge von Hinweisen und Regeln, aber keine Patentlösungen, die immer zutreffen.

Mancher Leser mag an dieser Stelle den Eindruck gewinnen, diese Aussagen seien banal. Zugegeben, diese Aussagen sind banal, sind weder neu noch besonders originell. Und dennoch haben wir guten Grund, auf die Notwendigkeit einer situativen Projektarbeit hinzuweisen. Aus der mehrjährigen Zusammenarbeit mit vielen Projektleitern haben wir den Eindruck gewonnen, daß allzu oft versucht wird, bei der Planung und Realisierung von Veränderungsprozessen in Ablaufschablonen zu denken.

Das Arbeiten mit Phasenkonzepten oder Netzplänen ist ohne Zweifel für die Projektdurchführung von großer Bedeutung, doch darf es nicht dazu führen, daß situationsgerechte Interventionen unterbleiben.

Die Ursachen solcher Denkmuster liegen nach unserer Meinung sowohl in der häufig mathematisch-technischen Orientierung vieler DV-Organisatoren als auch in der fehlenden ganzheitlichen Orientierung der Ausbildung von Organisationsfachleuten und Projektmanagern. Mit diesem Buch möchten wir einen Beitrag liefern, diese Lücke zu verkleinern, indem wir auf die Bedeutung der psycho-sozialen Prozesse in der Projektarbeit eingehen. Und diese menschlichen Einflußgrößen lassen sich nun mal nicht in der gleichen Weise programmieren wie ein Rechner. Durch situatives Vorgehen werden Sie der Komplexität der Aufgabenstellung als auch den Bedürfnissen der Menschen besser gerecht. Wir sehen darin einen hohen Grad von Professionalität.

2.4 Hinweise für den Leser

- Der Projektleiter sollte bei der Planung und Realisierung von Veränderungsprozessen auch die psycho-sozialen Auswirkungen beachten, um die sozialen Folgekosten eines Projektes zu vermeiden: Motivationsverluste, Enttäuschungen und Verunsicherung oder auch Probleme in zukünftigen Projekten auf Grund von Widerständen der Betroffenen.

- Durch ganzheitliches, vernetztes Denken können die Projektverantwortlichen daran arbeiten, daß die Ziele des Projektes umfassend erreicht werden. Es ist sinnvoll, bei den Projektzielen zu untergliedern zwischen

    - wirtschaftlichen Systemzielen
    - technischen Systemzielen
    - organisatorischen Systemzielen
    - sozialen Systemzielen

- Diese Hinweise richten wir nicht nur an den einzelnen Projektleiter, sondern mit der Forderung nach einer ganzheitlich-situativen Projektarbeit ist auch die Geschäftsführung angesprochen. Denn ihre Aufgabe besteht darin, die notwendige Organisationskultur (die Werte und Leitlinien des Unternehmens) und die strukturellen Voraussetzungen für ganzheitlich-situative Projektarbeit zu schaffen.

3 Ein Projekt beginnt

3.1 Einführung

"Sage mir, wie ein Projekt beginnt und ich sage Dir, wie es endet." Schon oft konnten wir diese These in der Praxis bestätigt finden. Die Bedeutung des ersten Eindruckes kennen wir ja auch aus anderen Lebensbereichen. So kann zum Beispiel der erste Eindruck, den wir von einem Menschen haben, unsere Beziehung zu ihm entscheidend prägen, denn wir bilden uns ein Urteil über ihn.

Ähnlich ist es auch mit Projekten. Am Anfang werden - nicht immer deutlich und bewußt - Zeichen gesetzt:

- das Management zeigt mit seinem Verhalten, welche Einschätzung es von Projektarbeit im allgemeinen und dem einzelnen Projekt hat,
- die Betroffenen im Fachbereich beziehen Position und äußern Erwartungen,
- der Projektleiter demonstriert dem Projektteam, was er unter Führung und Zusammenarbeit versteht und welche Ziele er hat.

Damit sind fürs erste die Würfel gefallen: Es werden Positionen, Ziele, Erwartungen und Verhaltensmuster von den unterschiedlichen Gruppen eingenommen, die dann oft genug nur mit Anstrengungen verändert werden können, wenn überhaupt.

Erfolgreiche Projektleiter kennen das und versuchen daher so früh wie möglich gezielt und in ihrem Sinne Zeichen zu setzen.

Wir werden uns daher in diesem Kapitel mit zwei Themen befassen, die unserer Meinung nach eine zentrale Bedeutung haben, für die Sicherung der Effizienz des Projektes und für die Akzeptanz der Lösungen zu Beginn eines Projektes:

1. Wie entwerfe ich zu Projektbeginn eine geeignete Projektdurchführungsstrategie, um Akzeptanz und Effizienz des Projektes zu erreichen?
2. Wie kann ich die Zusammenarbeit im Team sichern und meine Führungsfunktion als Projektleiter unterstreichen; hiermit ist also die Führung des Teams angesprochen.

Was Sie in diesem Kapitel nicht finden, sind Methoden und Techniken des administrativen Projektmanagements, wie z.B. Fragen der Zeit-, Kosten- oder der Aktivitätenplanung, die natürlich auch zur Projektplanung gehören, aber nicht Thema unseres Buches sind.

Ziele dieses Kapitels:

- Sie finden typische Probleme, die häufig den Projektbeginn begleiten.
- Wir nehmen dann eine Beschreibung unserer Vorstellungen vom Projektbeginn vor.
- Die Projektdurchführungsstrategie mit den Bausteinen:
  - Situationsanalyse
  - Gestaltung der Projektorganisation
  - Planung und Abgrenzung von Veränderungsschritten
  - Auswahl von Methoden/Techniken zur Systementwicklung

  ist Thema des Abschnitts 3.3.2.
- Hinweise zur Gestaltung der ersten Projektsitzung runden dieses Kapitel ab.

3.2 Probleme des Projektbeginns

Der Projektbeginn ist eine entscheidende Situation für den gesamten Ablauf. Vielleicht gerade deswegen wollen viele Projektteams durch konkrete Ergebnisse positive Zeichen setzen. Bei Projektmitarbeitern gilt daher oft die Devise: solange noch keine Lösung vorliegt, ist noch nichts getan worden. Bei den Betroffenen des Fachbereichs ist dagegen Unsicherheit da, die durch folgende Fragen zum Ausdruck kommt:

- Was haben "die" eigentlich mit dem Projekt vor?
- Was bedeutet das für unsere Arbeit?
- Wie wird das Projekt ablaufen:
  - haben wir Einflußmöglichkeiten?
  - werden nicht vorschnell Fakten geschaffen, auf die wir keinen Einfluß haben?
  - Was wird von uns während des Projektes verlangt?
  - Werden wir noch zusätzlich belastet?

Die daraus resultierenden Probleme kennen wohl viele Projektleiter:

- Es wird "Politik" gemacht.
  Der Anfangstermin wird immer wieder verschoben. Plötzlich ist die Genehmigung da, keiner ist richtig darauf vorbereitet. Trotz des verspäteten Anfangs ist der Endtermin der gleiche. Wie soll man das schaffen?

- Gerüchte!!
  Eigentlich ist noch gar nichts klar, aber wilde Spekulationen sind im Hause in Umlauf.

- Offene oder verdeckte Fronten bilden sich oder sind schon da. Der Projektleiter, der noch Mitarbeiter aus dem Fachbereich sucht, erfährt keine Unterstützung. Er bekommt Mitarbeiter aus dem Fachbereich, die er aber für nicht qualifiziert hält.

- Es wird im "Keller gegraben", man verweist auf andere, unglücklich verlaufene Projekte und versucht zu beweisen, wie wenig Chancen das neue Projekt hat.

- Dem Projektleiter wird vorgeworfen, daß er doch von den "wahren" Problemen keine Ahnung habe.

- Es ist unklar, wer welche Rechte und Pflichten hat. Wie weit gehen die Kompetenzen?

- Es werden hohe Erwartungen an das Projekt gestellt. Alle sind "gestreßt". Es muß etwas getan werden. Man will Ergebnisse sehen, möglichst schon klare Lösungsvorschläge. Man fängt planlos an, in der Hoffnung, irgendwie wird es schon zusammenpassen.

Viele Projektverantwortliche kennen zwar die Probleme, werden aber dennoch immer wieder davon überrascht. Allzu oft scheinen hier Einflüsse wirksam zu werden, deren Zusammenhang mit dem Projekt nur schwer zu erkennen sind.

3.3 Projektbeginn - Grundlage für erfolgreiche Projekte

3.3.1 Projektbeginn - was ist das?

Wir haben diesen Abschnitt des Buches "ein Projekt beginnt" genannt. Von unserer Arbeit her wissen wir, daß in der Praxis immer wieder die Frage auftaucht: "Ja, welche Phase meinen Sie denn damit? Wenn der Vorstand beschlossen hat, ein Projekt für eine Fachabteilung zu initiieren? Wenn Vorstudien eingeleitet werden, die schließlich zum Projektantrag führen. Oder erst, wenn das Projekt genehmigt ist und man die erste Phase (z.B. Grobplanung) bearbeitet?"

Eine allgemein gültige, inhaltlich richtige Antwort können wir darauf nicht geben. Aber eins hat die Erfahrung gezeigt: sowenig das Menschsein mit dem offiziellen Termin laut Geburtsurkunde anfängt, beginnen Projekte mit dem offiziellen Starttermin laut Projektplan, also mit dem formellen Projektbeginn. Zu diesem Termin hat das Vorhaben in der Regel schon eine Geschichte:

- Es beginnt mit einem Wunsch, einer Idee oder Vorschlägen von seiten des Fachbereichs, der Geschäftsführung oder des ORG/DV-Bereichs.
- Es wird ein Verantwortlicher benannt. Der Auftrag lautet: "Definiere Ziele, Ressourcen, Nutzenaspekte, Termine und den Ablauf des Projektes." Aus dieser Studie resultiert der Projektantrag.

Der informelle und formelle Projektbeginn

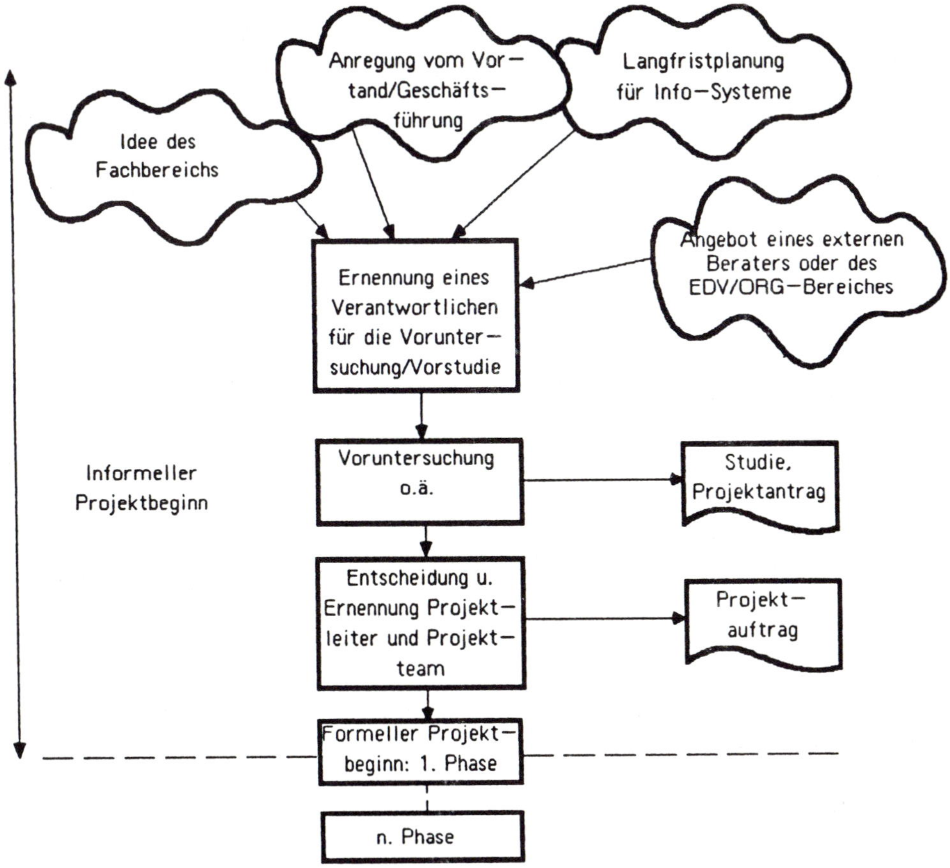

- Häufig wird in kurzer Zeit dieser Auftrag erfüllt und auf Grund der Informationen entscheidet das Management, ob das Projekt in Angriff genommen wird, wer als Projektleiter fungiert und in vielen Unternehmen auch, wer im Projektteam mitarbeitet.
- Und nun beginnt das Projekt offiziell, das heißt, es werden planmäßig vorgegebene Aktivitäten abgearbeitet.

Wir möchten den Begriff "Projektbeginn" nicht mit einem bestimmten Zeitpunkt - z.B. den Starttermin laut Projektplan - sondern mit dem gesamten Zeitraum von der ersten Idee bis zu den ersten

Projektaktivitäten definieren. In diesem Zeitraum entwickelt sich die Eigendynamik des Projektes, mit seinen charakteristischen Ausprägungen, und die sind zum Verständnis der psycho-sozialen Prozesse wichtig. Der formelle, offizielle Projektbeginn ist also nicht identisch mit dem informellen Projektbeginn, der in vielen Fällen früher liegt.

3.3.2 Die Projektdurchführungsstrategie

Die Ausgangssituation für Sie als Projektleiter ist von Projekt zu Projekt, von Firma zu Firma, unterschiedlich:

- entweder Sie sind von Beginn an beteiligt, dann haben Sie vielleicht die Chance, die Weichen mitzustellen
- oder Sie werden erst später zum Projektleiter ernannt, dann finden Sie bereits eine Historie vor, von der Sie ausgehen müssen.

In jedem Fall muß ein Projektleiter eine "Projektstrategie" entwickeln, um erfolgreich arbeiten zu können.
Was ist das? Eine Projektdurchführungsstrategie besteht aus einem Bündel von Maßnahmen auf der Grundlage einer fundierten Situationsanalyse. Ziel dieser Maßnahmen ist es, in ihrer Gesamtheit

- qualitativ-hochwertige und
- akzeptierte Lösungen
- in einem möglichst wirtschaftlichen Prozeß

zu erreichen und somit das Projektrisiko zu vermindern.

Auf der Basis der ganzheitlichen Betrachtung eines Projektes sind derartige Schritte:

a) eine exakte Analyse der Ausgangssituation (Kapitel 3.3.2.1 - Situationsanalyse)

b) die Gestaltung der Projektorganisation, insbesondere auch die Frage der Mitwirkung der Betroffenen und der Arbeitsweise des Projektteams (Kapitel 3.3.2.2)

c) die Planung von notwendigen Veränderungsschritten, also in welchen Realisierungsschritten gehe ich vor (Kapitel 3.3.2.3)

d) die Auswahl und der Einsatz von Methoden und Techniken für die Projektarbeit wie z.B. Darstellungs- und Dokumentationsmethoden, die auch der Fachbereich verstehen kann (Kapitel 3.3.2.4).

Die Entwicklungen standardisierter Vorgehensmodelle - so hilfreich und notwendig sie auch sind - verleiten leider sehr stark, nach "Schema F" vorzugehen. Wir sehen in den von uns vorgeschlagenen Maßnahmen zur Projektdurchführungsstrategie eine notwendige Erweiterung derartiger Vorgehensmodelle, die häufig zu stark technisch bzw. administrativ ausgerichtet sind und psychosoziale Dimensionen von Veränderungen nicht berücksichtigen.

3.3.2.1 Die Situationsanalyse

Eine wirksame Projektstrategie beruht auf der Kenntnis und dem Verständnis der Ausgangssituation eines Projektes. Dies beinhaltet nicht nur die Fragen:

- "Wie führt der betroffene Mitarbeiter derzeit seine Arbeit aus?",
- "Was sind seine Probleme?",
- "Welche Anforderungen hat er an das neue System oder die neue Organisation?".

Dafür gibt es eine Reihe von Methoden und Checklisten, die die Untersuchung dieser Fragen unterstützen.

Die von uns entwickelte Situationsanalyse beinhaltet folgende Fragen:

1. Wer ist der Auftraggeber?
2. Wer sind die Träger der Projektidee?
3. Gibt es Hintermänner?
4. Wie kann der zu organisierende Bereich charakterisiert werden?
5. Wie steht der Bereich dem Vorhaben gegenüber?
6. Welche Erfahrungen hat der Bereich mit dem ORG/DV-Bereich bzw. früheren Projekten gemacht?
7. Welche Bedeutung hat das Projekt für den Bereich und die Mitarbeiter?
8. Wer ist in welcher Form durch das Vorhaben betroffen?

9. Welche Beteiligungswünsche bestehen bei den Betroffenen?
10. Sind Sie willens und fähig, das Projekt als Projektleiter zu übernehmen?

Das heißt, ein Projektleiter muß zunächst einmal Hintergründe und Randbedingungen des Projektes prüfen. Dazu ein kurzes Beispiel: Ein Mitarbeiter im ORG/DV-Bereich will ein Projekt initiieren, daß sich mit der Einführung eines Vertriebsinformationssystems befaßt. Erst später erfährt er, daß bereits vor mehreren Jahren ein derartiges Vorhaben abgesagt werden mußte und nun jeder einem neuerlichen Versuch wenig Chancen einräumt. Hätte er sich früher mit der Vorgeschichte des Projektes beschäftigt, so hätte er viel Zeit, Geld und Nerven sparen können.

Damit wollen wir auf keinen Fall andeuten, daß die Historie vollkommen die Chancen in der Gegenwart bestimmt. Aber es ist wichtig, die Vergangenheit zu kennen, um Fehler zu vermeiden und geeignete Strategien zu entwerfen.

Die einzelnen Fragen zur Situationsanalyse:

1. Wer ist der Auftraggeber?

Mit dem Auftraggeber stehen und fallen meist die Projekte. Prüfen Sie daher, welche Stellung der Auftraggeber in der formellen und informellen Hierarchie einnimmt und welchen Einfluß er geltend machen kann. Gerade bei anspruchsvollen oder kritischen Projekten ist es wichtig, daß die Auftraggeber möglichst großen Einfluß haben und richtig informiert werden. Nicht wenige Projekte sind gescheitert, weil "einflußreichere Persönlichkeiten" ihr Veto eingelegt haben oder "ihre" eigenen Projekte stärker förderten.

2. Wer sind die Träger der Projektidee?

Die Träger von Projektideen können Sie als Projektleiter in starkem Maße stützen und unterstützen. Als Träger bezeichnen wir Mitarbeiter, die ein Interesse am Gelingen des Projektes haben. Dies muß also nicht der Auftraggeber selbst sein. Wenn es Ihnen gelingt, diese Mitarbeiter in die Projektarbeit einzubinden, haben Sie wichtige Mitstreiter für das Projekt auf Ihrer Seite.

3. Gibt es "Hintermänner"?

Hintermänner sind Personen, die eine Sache initiiert haben, aber selbst nicht in der Öffentlichkeit auftreten. Entweder weil sie verhindern wollen, daß die wahren Projektziele bekannt werden oder weil sie andere fördern wollen. Prüfen Sie, ob es "Hintermänner" geben könnte und welche Ziele diese im Rahmen des Projektes verfolgen.Werden Hintermänner zu einem späteren Zeitpunkt bekannt, kann dies Ihre Projektarbeit gefährden. Wir wollen das an einem Beispiel verdeutlichen: In einer Unternehmung hat ein Vorstandsmitglied die Idee, ein neues Arbeitsverfahren einzusetzen, das eine stärkere Kontrolle der Mitarbeiter ermöglicht. Er ist bekannt für sein großes Kontrollbedürfnis. Es gab bereits Auseinandersetzungen mit dem Betriebsrat in dieser Frage. Er möchte daher, daß ein Projektleiter aus dem ORG/DV-Bereich diese Idee unter der Zielsetzung 'Qualitätsverbesserung' verwirklicht, ohne daß er als Initiator in Erscheinung tritt. Im Laufe des Projektes wird letztlich der wahre Initiator durch ständiges Nachfragen von Seiten des Betriebsrates doch erkannt und die Mitarbeit der Betroffenen wird sofort eingeschränkt, so daß das Projekt abgebrochen werden muß. Dies geschah nicht zuletzt deshalb, weil der Betriebsrat sich durch das Verhalten der Geschäftsführung in seiner Meinung bestätigt sah.

4. Wie kann der zu organisierende Bereich charakterisiert werden?

Mit Hilfe der charakteristischen Merkmale eines Bereichs wie Umsatz, Selbstverständnis u.a. können häufig wichtige Rückschlüsse auf die Situation der Betroffenen vorgenommen werden. Fragen Sie nicht nur nach den Zielen, sondern auch nach den Hintergründen und der Geschichte des Projektes und der Abteilung. Sie lernen dadurch Ihr Arbeitsumfeld besser und umfassender kennen.
Entscheidende Fragen, die Sie stellen sollten, sind:

- Welche Stellung hat der zu organisierende Bereich in der Unternehmung? Wie wichtig ist er, wie ist sein Selbstverständnis und sein Image im Hause und nach außen? Wie sehen sich die Mitarbeiter der Abteilung ?

- Wie werden sie von anderen Abteilungen gesehen?
  Mitarbeiter vertriebsorientierter Unternehmungen wissen, welches Selbstverständnis Außendienstarbeiter oft haben: "Ohne uns läuft nichts!"
  Auch andere Abteilungen und die Geschäftsführung sehen dies so. Projektleiter sind gut beraten, wenn sie das in ihrer Zusammenarbeit berücksichtigen.
  Auch die Frage nach Umsatz oder Mitarbeiterzahl kann das Gefühl von Wichtigkeit beeinflussen. So haben Abteilungen mit hohen Umsatzzahlen oft auch ein höheres Ansehen bei Geschäftsführung und Mitarbeitern.

- Welche Geschichte, Entwicklung hat die Abteilung?
  Nicht selten drücken Kennzahlen wie Mitarbeiter, Umsatz dies sehr deutlich aus. Dazu wiederum ein Beispiel: Die Mitarbeiterzahl hat auf Grund sinkender Umsatzzahlen in einem Vertriebsbereich ständig abgenommen. Der Projektleiter, der ein Projekt in diesem Bereich durchführen soll, spürt ständig Widerstand in der Zusammenarbeit mit Mitarbeitern der Abteilung, denn diese befürchten weitere Rationalisierungsmaßnahmen.

- Art der Mitarbeiter: Welche Mitarbeitergruppen sind betroffen (Art der Mitarbeiter)) Bei der Frage, wer sollte wie beteiligt werden, ist sicher zu berücksichtigen, welche Vorbildung und welches Rollenverständnis die Mitarbeiter mitbringen.

- Welches Betriebsklima, welcher Führungsstil, herrscht in der Abteilung?
  In einem Bereich ist auf Grund von Führungsfehlern ein äußerst schlechtes Betriebsklima. Der Projektleiter muß dies in seiner Strategie berücksichtigen und sich auch klar werden, welche Position er zwischen Vorgesetzten und Mitarbeitern einnimmt. Recht häufig wirken sich abteilungsinterne Konflikte negativ auf die Projektarbeit aus, indem diese Spannungen auf das Projektteam und den Projektleiter übertragen werden. Er wird zum Prügelknaben für andere.

- Welche externe Abhängigkeiten bestehen?

  Beispiel: Ein Unternehmensbetriebsbereich vertreibt Produkte einer Partnerfirma. Alle Änderungen der Arbeitsabläufe müssen z.B. vom Projektleiter eines Projektes zur Materialdisposition dahingehend überprüft werden, was dies für die Zusammenarbeit der beiden Firmen bedeutet.

5. Wie steht der Bereich dem Projekt gegenüber?

- Was ist bereits passiert, ohne daß Sie als Projektleiter beteiligt waren?

  Wenn Sie erst nach der Entscheidung des Managements als Leiter des Projekts ernannt wurden, sollten Sie zunächst prüfen, welche Maßnahmen bereits durchgeführt wurden und wie der Bereich dazu steht.

- Gibt es bereits Meinungen, Gerüchte, Befürchtungen und Hoffnungen bei den Betroffenen?

  Sobald Gerüchte - "Entlassungen stehen vor der Tür" - im Umlauf sind, sollten Sie so schnell wie möglich den Betroffenen konkrete Informationen über Ziel, Hintergründe und geplante Aktivitäten anbieten. Auch wenn diese Befürchtungen berechtigt sind, es wird sicher Ihre Vertrauenswürdigkeit verbessern und somit Ihre Arbeit erleichtern.

- Gibt es Gruppierungen oder gar Fronten in der betroffenen Abteilung?

  Verbündete können Sie in Ihrer Arbeit unterstützen. Schätzen Sie die Kräfte ein: wer ist für das Projekt, wer dagegen, wer neutral? Durch Informationen können Sie vielleicht weitere Unterstützung für das Projekt erhalten? (siehe auch Kapitel 7. "Kraftfeldanalyse").

6. Welche Erfahrungen hat der Fachbereich mit dem ORG/DV-Bereich bzw. früheren Projekten gemacht?

- Wie ist die Zusammenarbeit zwischen dem Fachbereich und dem ORG/DV-Bereich bislang? Dazu eine Checkliste:

Checkliste Kooperation Fachbereich - ORG/DV						
	++	+	0	-	--	
- vertrauensvoll						- kein Vertrauen
- viel Abstimmung/ Kommunikation						- keine Abstimmung
- Bereitschaft zur Zusammenarbeit						- keine Zusammenarbeit
- Konflikte werden offen angesprochen						- Konflikte werden verdeckt ausgetragen
- Entscheidungen werden gemeinsam getragen						- Entscheidungen werden nur von einer Seite getragen
- Abmachungen werden eingehalten						- man verspricht viel, hält aber nichts
- die Probleme des anderen werden gesehen und verstanden						- die Probleme des anderen interessieren nicht
- offener Informationsaustausch						- es wird gemauert, mit Informationen taktiert
- es gibt Kompromißbereitschaft						- jeder beharrt auf seinem Standpunkt

- Welche Projekte oder Projektplanungen sind in der Vergangenheit wie gelaufen?
  Was lief positiv, was lief negativ? Was ist mit Ihrem Projekt vergleichbar, und welche Konsequenzen können Sie daraus für Ihr Projekt ziehen?

- Könnten Mißerfolge früherer Projekte Ihre Arbeit beeinflussen?
  Beispiel: in früheren Zeiten war ein technologisch sehr anspruchsvolles Projekt gescheitert. Seitdem gilt diese Arbeit als nicht unterstützungsfähig durch moderne Technologien. Auch weniger anspruchsvolle Versuche werden ständig unter

Hinweis auf den Mißerfolg abgeblockt. Der Projektleiter eines neuen Projektes konnte nur durch eine geschickte stufenweise Einführung und ständige Information Mißtrauen abbauen.

7. Welche Bedeutung hat das Projekt für den Bereich und für die Mitarbeiter?

- In welcher Form unterstützt das Projekt die Ziele und Aufgaben des Bereichs?
  Beispiel: ein Bereich hat die Auflage, zukünftig umfassendere, zuverlässigere Daten schneller dem Vorstand zur Verfügung zu stellen. Um die daraus resultierende Mehrarbeit abzufangen, wird ein bestehendes DV-System erweitert.

8. Wer ist in welcher Form durch das Vorhaben betroffen? Machen Sie die Betroffenheitsanalyse![1)]

Die Ergebnisse der Betroffenheitsanalyse zeigen Ihnen, von welcher Seite möglicherweise Widerstand zu erwarten ist, aber auch, wer Interesse an einer Zusammenarbeit haben könnte. Denn Betroffenheit ist Voraussetzung für Engagement und damit auch für Mitwirkung.

Mit Betroffenheit meinen wir die positive oder negative Beeinflussung eines Mitarbeiters durch vermutete oder reale Veränderungen. Betroffenheit wird also hervorgerufen durch:

- konkret geplante Veränderungen, Veränderungen also, die schon feststehen, aber noch nicht eingetroffen sind;

- vermutete Veränderungen, Veränderungen, die von den Mitarbeitern subjektiv befürchtet werden.
  Für den Projektleiter ist es wichtig, insbesondere auch die "nur subjektiven" Befürchtungen ernst zu nehmen. Denn Unsicherheit ist die Basis für Gerüchte, die letztlich Ihre Arbeit gefährden können.

---

1) Siehe dazu auch: PORGI-Handbuch/1979

Die anstehenden Veränderungen können fachlicher und/oder persönlicher Art sein. Eine Reihe von Aspekten haben wir in der folgenden Tabelle zusammengetragen. Sie soll Ihnen helfen, die Auswirkungen Ihres Projektes umfassend zu ermitteln und zu diskutieren.

Checkliste Betroffenheitsanalyse					
Mitarbeiter (Gruppe):					
Betroffenheits-	Grad der Betroffenheit			Art der Betroffenheit	
aspekte	nicht	wenig	stark	positiv	negativ
1. Aufgabenzuordnung					
2. Arbeitsablauf					
3. Handlungsspiel-raum					
4. Verantwortung					
5. Informationsstand					
6. Qualität der eigenen Arbeit					
7. Arbeitsbelastung					
8. Fremdkontrolle					
9. Persönliches Ansehen					
10. Einfluß					
11. Aufstiegschancen					
12. Einkommen					
13. Arbeitszufriedenheit					
14. Selbstverwirklichung					

Was können Sie tun, um die Betroffenheitsanalyse durchzuführen?

Sicherlich ist es häufig nicht einfach, an die Informationen zu gelangen. Prüfen Sie zunächst:

- Wer ist bereits von den Veränderungen betroffen?
- Wer wird betroffen sein?
- Wer könnte sich betroffen fühlen?

In großen Projekten können Sie das Organigramm zu Hilfe nehmen, denn es ist wichtig, daß Sie niemanden übersehen.

- Nun haben Sie mehrere Alternativen, an die Informationen zu gelangen:

  - persönliche Gespräche mit den (potentiell) Betroffenen
  - Workshops, wo Sie mit verschiedenen Gruppen über mögliche Auswirkungen diskutieren
  - Haben Sie keine dieser Möglichkeiten, dann sollten Sie zumindest auf der Basis Ihrer eigenen Vermutungen oder der Ihrer Kollegen und Teammitarbeiter arbeiten. Eine Möglichkeit besteht im sogenannten Rollentausch. Versetzen Sie sich in die Lage eines Betroffenen: "Ich bin der Betroffene und ich denke..."

Derartige Untersuchungen haben bei so manchem Projektauftrag viele Überraschungen gebracht: Mitarbeiter, von denen man es nicht vermutet hätte, fühlten sich durch Projekte bedroht und hatten in einzelnen Fällen bereits gegen Projekte agiert, um ihre Position zu wahren. Hat der Projektleiter Kenntnis darüber, kann er durch Gespräche, Infomärkte oder schriftliche Projektinfos Unsicherheiten abbauen.

9. Prüfen Sie die Beteiligungswünsche zu Beginn eines Projektes - machen Sie die "Beteiligungsanalyse"[1)]

In Kapitel 8 zeigen wir auf, welche Bedeutung die Beteiligung für akzeptierte und effiziente Systementwicklung hat. Die engagierte Beteiligung eines Mitarbeiters aus dem Fachbereich am Projekt setzt zweierlei voraus:

- das Gefühl, betroffen zu sein und
- den Wunsch mitzuwirken.

Daneben natürlich auch die entsprechende Qualifikation und die Zeit, am Projekt mitzuarbeiten.

---

1) Siehe dazu auch: PORGI-Handbuch/1979

Stehen Sie am Beginn eines Projektes, sollten Sie - nach der Betroffenheitsanalyse, möglichst gemeinsam mit den Betroffenen - überlegen, wer wie beteiligt werden möchte. Dies ist zunächst tatsächlich nur eine Analyse der persönlichen Bedürfnisse, nicht der sachlichen Erfordernisse. Häufig wird dieser Schritt ausgelassen, weil diese Gedanken in vielen Unternehmungen einfach nicht üblich sind. Vielleicht will man auch keine "schlafenden Hunde" wecken. Allerdings ist dann die Verwunderung groß, wenn von Mitarbeitern im Laufe des Projektes Unzufriedenheit aufkommt, weil die Betroffenen nicht gefragt wurden. Erst wenn die Bedürfnisse ermittelt wurden, sollte sich der Projektleiter Gedanken machen, welche Beteiligung tatsächlich sinnvoll ist, z.B. auf Grund der Qualifikation oder der Arbeitsbelastung einzelner Mitarbeiter.

Die Frage sollte also zunächst lauten: "Wer möchte wie am Projekt mitwirken?"

Die Antwortmöglichkeiten sind: "Ich möchte:

- weder Beteiligung noch Informationen
- Informationen
- meine Meinung berücksichtigt wissen
- mitarbeiten
- (Mit-)Entscheidung"

Diese Antwortmöglichkeiten sollten nach den jeweiligen Phasen des Projektes unterschieden werden, da ja das Beteiligungsbedürfnis sich durchaus von Phase zu Phase unterscheiden kann.

Es ist auch zu prüfen, ob die Mitarbeiter

- persönlich in irgendeiner Form beteiligt werden möchten,
- oder ob sie, z.B. aus Zeitgründen, eine repräsentative Mitwirkung wünschen.

Wie Sie dies prüfen können, ist in der folgenden Checkliste dargestellt.

Checkliste "Beteiligungsanalyse"				
Mitarbeiter (Gruppe):				
Projektphase / Mitwirkungsart	1.	2.		n.
1. keine Beteiligung				
2. Informationen geben				
3. Meinungen berücksichtigen				
4. Mitarbeit				
5. (Mit-)Entscheidung				

P = persönliche Mitwirkung   R = repräsentative Mitwirkung

10. Prüfen Sie, ob Sie willens und fähig sind, das Projekt als Projektleiter zu übernehmen!

Nicht in jeder Unternehmung ist es möglich, Projekte abzulehnen. Dennoch sollten Sie zumindest für sich prüfen:

- Sind Sie der richtige Mann/die richtige Frau für dieses Projekt (die Qualifikation, aber auch die Akzeptanz durch die Beteiligten ist hiermit angesprochen)?
- Entspricht dieses Projekt Ihren persönlichen Zielen? Fragen Sie sich also, ob sich das Projekt mit einer Aufgabenstellung befaßt, die Ihren fachlichen Neigungen und Entwicklungsbedürfnissen entspricht?

- Welche Chancen und Risiken birgt das Projekt/die Aufgabenstellung in sich? Gibt es Möglichkeiten, die Risiken so zu mindern, so daß beispielsweise bei eindeutig kritischen Projekten Ihr Ansehen nicht gefährdet ist?

Unserer Meinung nach ist diese Prüfung, die ein Projektleiter für sich vornehmen sollte, wichtig, um sich auch persönlich eindeutig für ein Projekt entscheiden zu können. Wir haben in unserer Praxis eine Reihe von Projekten kennengelernt, die in schwierige Phasen kamen, weil die Projektleiter eigentlich diese Projekte nicht übernehmen wollten. Entweder, weil sie nicht den persönlichen Zielen dieser Mitarbeiter entsprachen, die z.B. lieber Programmieren wollten als die Führung von Teams zu übernehmen, oder weil sie sich von vornherein mit den Risiken dieser Projekte überfordert fühlten.

Hinweise zur Anwendung und Auswertung der Checkliste "Situationsanalyse"

Wir möchten Ihnen noch einige Hinweise geben, wie Sie mit der Situationsanalyse in der Praxis arbeiten können. Dabei stehen 2 Fragen im Mittelpunkt:

- "Wie komme ich an die Informationen heran?"
- "Wie werte ich die Informationen aus?"

- Zur Informationsgewinnung

Standardisierte Interviews oder Fragebogenaktionen sind in der Regel für solche Erhebungen wenig geeignet. Die Situationsanalyse ist von uns nicht als Fragebogen konzipiert. Die erforderlichen Informationen bekommt man häufig in vertraulichen Gesprächen oder "so nebenbei". Es ist deshalb sehr hilfreich, den Kontakt zu kompetenten Gesprächspartnern zu halten, die Hintergründe und Meinungen kennen. Achten Sie deshalb auf die Aussagen und hören Sie die Botschaften Ihrer Gesprächspartner. (Mehr darüber lesen Sie in Kapitel 5.)

- Zur Auswertung

Wenn Sie die Ergebnisse der Gespräche verstehen wollen, müssen Sie bedenken, daß es kein objektiv richtiges und eindeutiges Bild geben kann. Was Sie erfahren, sind die verschiedenen Sichtweisen, die Ihre Gesprächspartner auf Grund ihrer Vorerfahrungen haben. Auch wenn es sehr abweichende Meinungen gibt, versuchen Sie nicht herauszufinden, wer Recht und Unrecht hat. Überlegen Sie vielmehr, woraus diese unterschiedlichen Sichtweisen resultieren, wie sie erklärbar sind und was sie für Ihre Position und Ihre Projektstrategie bedeuten.

Die Auswertung der Antworten erfolgt unter den Aspekten:

1. Was bedeutet das für die Ziele des Projektes, für die angestrebte Lösung, für die Erwartungen des Managements?

2. Was bedeutet das für den Projektablauf und die Projektarbeit selbst, für die zukünftige Zusammenarbeit und die Projektorganisation?

3. Welche Maßnahmen muß ich einleiten, um die Akzeptanz des Projektes und der zukünftigen Lösungen sicherzustellen?

Das Ergebnis der Untersuchung ist ein - sicherlich subjektiv gefärbtes - Verständnis für die Ausgangssituation eines zu organisierenden Bereiches und für die Lage der betroffenen Mitarbeiter. Auf der Grundlage dieses Verständnisses erfolgt die Maßnahmenregelung zur Projektdurchführungsstrategie:

- die Gestaltung der Projektorganisation (Kapitel 3.3.2.2)
- die Planung der Veränderungsschritte (Kapitel 3.3.2.3)
- die Auswahl von Methoden und Techniken zur Systementwicklung (Kapitel 3.3.2.4).

3.3.2.2 Gestaltung der Projektorganisation

Unter Projektorganisation wollen wir hier insbesondere auf die Aufbauorganisation eines Projektes eingehen. Sie ist ein elementarer Baustein der Projektstrategie. Eine gute Projektorganisation zeichnet sich dadurch aus, daß Sie in Ihrem Projekt

- die Informationen bekommen, die Sie zu Ihrer Projektarbeit benötigen;
- die Entscheidungsträger eingebunden haben und so fundierte und von den Verantwortlichen mitgetragene Entscheidungen erhalten;
- akzeptierte Lösungen erarbeiten, da die betroffenen Mitarbeiter rechtzeitige und umfassende Informationen und ggfs. Mitwirkungsmöglichkeiten erhalten haben;
- die Entscheidungen im Rahmen des Projektes sach- und zielorientiert getroffen werden (und nicht nur nach politischen Gesichtspunkten).

In Kapitel 8 "Partizipation" erläutern wir unter anderem, welche Möglichkeiten es gibt, die Projektaufbauorganisation zu gestalten.
In diesem Kapitel wollen wir darauf eingehen, wie Sie auf der Basis der Situationsanalyse, die in Ihrem Unternehmen übliche Projektorganisation ausfüllen können. Im Vordergrund stehen dabei die Fragen:

1. Wer müßte in welcher Form mitmachen, um eine sachlich richtige Lösung zu erreichen?
2. Wer möchte in welcher Form mitwirken?
3. Wer sollte wie mitwirken, um sowohl den sachlichen Anforderungen zu entsprechen als auch die Akzeptanz zu gewährleisten?

Auch wenn Sie als Projektleiter selbst nicht die Auswahlentscheidung treffen können, bieten Ihnen unsere Hinweise die Möglichkeit, den Erfordernissen entsprechende Lösungen vorzuschlagen.

Zu 1. Wer müßte in welcher Form beteiligt werden?

Prüfen Sie die Beteiligungserfordernisse.

Hier müssen Sie sich als Projektleiter die nicht ganz leichte Frage stellen: "Welche Informationen brauche ich unbedingt von den Betroffenen selbst, wo brauche ich ihre persönliche Einschätzung bzw. eine definitive Entscheidung von ihnen? In welcher Form muß ich die Betroffenen einbeziehen, damit sie Sachinformationen einbringen und fundierte Urteile/ Entscheidungen äußern?"

Die einzelnen Fragen hierzu lauten:

- Welche Qualifikation der Mitarbeiter ist erforderlich? Hierbei ist sowohl die fachliche als auch die soziale Qualifikation, z.B. das Arbeiten in Gruppen, gefragt.
- Welche Informationen werden benötigt?
- Welche Personen, Gruppen, Abteilungen sind betroffen und müßten zumindest durch Stellvertreter beteiligt werden? (Siehe Frage 8. der Situationsanalyse: Betroffenheitsanalyse)

Zu 2. Wer möchte in welcher Form beteiligt werden?

Werten Sie dazu die Beteiligungsanalyse (Frage 9. der Situationsanalyse) aus.

Die Ergebnisse sollten Sie allerdings wirklich genau hinterfragen, wie z.B.: "Warum will sich kein Mitarbeiter aus der Abteilung X, wo sich alle sehr stark betroffen fühlen, am Projekt beteiligen? Liegen hier schon negative Erfahrungen aus anderen Projekten vor oder herrscht eine generelle Gleichgültigkeit und Unzufriedenheit, die sich auch auf dieses Projekt auswirkt?"

Dazu noch ein Beispiel: "Die Abteilung des Vorgesetzten Y ist stark betroffen. Trotz existierender Beteiligungswünsche und seiner Versicherung, daß das Projekt eine hohe Priorität für ihn hat, will er nur einen Mitarbeiter, der die Abteilung nicht wirklich repräsentieren kann, mitarbeiten lassen. Kann die Begründung, keine Mitarbeiter entbehren zu können, vielleicht nur vorgeschoben sein? Welches könnten die wahren Gründe sein, wie können diese sich auf den Projekterfolg auswirken?"

Es gibt durchaus eine Reihe von Mitarbeitern, die kein Interesse an Mitwirkung bei Veränderungsprozessen haben, obwohl sie stark betroffen sind. Sie trotz Desinteresse zu einer Beteiligung zu zwingen, ist in der Regel für beide Seiten deprimierend und führt nicht zum Erfolg. In diesem Fall fragt man sinnvollerweise nach den Ursachen des Desinteresses, wobei das eine Aufgabe der Fachbereichsführung ist und nicht des Projektleiters.

<u>Zu 3.</u> <u>Wer sollte wie mitwirken, um sowohl den sachlichen Erfordernissen zu entsprechen, als auch die Akzeptanz der Lösung zu erreichen?</u>

Prüfen Sie nun, wer für die verschiedenen in Ihrem Hause üblichen Projektgremien in Frage kommt, soweit Sie darauf Einflußmöglichkeiten haben. Das Ziel ist also ein praktikabler Vorschlag auf der Basis der Wünsche und Erfordernisse, die Sie in Schritt 1 und 2 untersucht haben. Mit der Auswahl erfolgt also eine Gegenüberstellung von

<u>Beteiligungsbedürfnissen:</u>		<u>Beteiligungserfordernissen:</u>
- Mitwirkungswünsche der Betroffenen	↔	- Betroffenheit
- Qualifikation derjenigen, die mitwirken wollen		- geforderte Qualifikation
		- notwendige Informationen

Dabei sind folgende Fragen zu klären:

- Wer entspricht der geforderten Qualifikation?
- Ist der zeitliche Rahmen für eine Beteiligung gegeben?
  Die Arbeitsbelastung auf Grund des Tagesgeschäfts oder auch der Termindruck in einem Projekt können ganz gravierende Einschränkungen für die Beteiligung von betroffenen Mitarbeitern darstellen. Da helfen manchmal weder der gute Wille noch die ansonsten guten Voraussetzungen.
- In welcher Situation befindet sich die Unternehmung?
  In Unternehmen, die einer existenziellen Bedrohung ausgesetzt sind, ist Beteiligung kaum möglich. Die psychische und physische Belastung (Überstunden etc.) läßt solche auch zeitintensiven Vorgehensweisen nicht zu.

- Was ist in der Organisation üblich?
  Das wollen wir an einem Beispiel erläutern:
  In einer Unternehmung sind Mitarbeiter nicht gewohnt, mitzuentscheiden. Verlangt nun ein Projektleiter - durchaus aus einer positiven Einstellung heraus - eine Mitentscheidung, kann dies zu Ärger und Widerstand führen, weil sich die Mitarbeiter überfordert fühlen, obwohl sie offensichtlich die fachliche Kompetenz dazu haben. Das heißt nicht, daß man nur im Rahmen des Üblichen und Bekannten bleiben darf. Aber eine Veränderung muß geplant sein, in abgestimmter Form erfolgen und darf keine zu großen Sprünge enthalten. Hier muß der Projektleiter situativ handeln.
- Falls Repräsentanten ausgewählt werden, die eine Gruppe von Mitarbeitern vertreten sollen, so ist zu prüfen, ob diese auch die Akzeptanz ihrer Kollegen haben.

Viele Unternehmen legen bei der Auswahl ihrer Mitarbeiter eine sehr große Sorgfalt an den Tag. Sie wissen, wie wichtig der richtige Mitarbeiter am richtigen Platz ist, um die Unternehmensziele zu erreichen. Wir meinen, dies sollte auch für Projekte gelten. Projekte sind so unterschiedlich in ihrer Zielsetzung und ihren Voraussetzungen, daß eine Mitarbeiterauswahl nach dem Motto "wer gerade Zeit hat, macht mit!" schon so manches Projekt in erhebliche Schwierigkeiten gebracht hat. Die beste Projektstrategie nützt wenig, wenn nicht die richtigen Personen mitarbeiten.

3.3.2.3 Planung von notwendigen Veränderungsschritten

Veränderungsprozesse sind Lernprozesse. Die Möglichkeiten zu lernen, sind jedoch beim Menschen begrenzt. Dabei spielt in der Praxis die Zeit eine große Rolle. Mitarbeiter brauchen:

- Zeit zu lernen (Lernprozeß)
- Zeit, das Gelernte auszuprobieren
- Zeit, sich umzustellen.

Daraus folgt: die Veränderung muß in der richtigen "Dosis" und in der richtigen Form gestaltet werden. Wenn das nicht geschieht, kann folgendes passieren:

In einer Unternehmung werden neue DV-gestützte Arbeitsabläufe konzipiert. Gleichzeitig hat man vor, auf Grund der Pensionierung eines leitenden Angestellten ganze Bereiche aufbauorganisatorisch zu verändern. Damit ändert sich das Arbeitsumfeld der Mitarbeiter erheblich. Man möchte das so schnell wie möglich "über die Bühne bringen". Die Mitarbeiter werden sehr verunsichert, niemand weiß, wie demnächst sein Arbeitsplatz aussehen wird. Es gibt Ärger und Unzufriedenheit. So können inhaltlich richtige Ansätze gefährliche Auswirkungen haben, weil der "Innovationsschritt" für den knappen Zeitraum einfach zu groß war. Es wurde zuviel auf einmal geplant.

Übertragen wir das auf die Projektarbeit, so heißt das: wir müssen sinnvolle und der menschlichen Lernfähigkeit angepaßte Entwicklungsstufen bestimmen, die die betroffenen Mitarbeiter in die Lage versetzen, wirklich zu lernen. Das ist leichter gesagt als getan. Das Problem besteht vor allem in den unterschiedlichen Voraussetzungen: Einen Personalcomputer in der Abteilung "Forschung und Entwicklung" einzuführen, ist normalerweise schneller und problemloser möglich als in einer Fachabteilung, deren Arbeit sich seit Jahren nicht verändert hat und wo wenig technisches know how besteht.

Wie kann der Projektleiter vorgehen, wenn er sinnvolle Entwicklungsschritte abgrenzen will:

1. Prüfen Sie, welche Auswirkungen treten mit der angestrebten Lösung für die Mitarbeiter auf, hinsichtlich:

- Aufgabenzuordnung
- Arbeitsablauf
- Handlungsspielraum
- Verantwortung
- Informationsstand
- Qualität der Arbeit

- Arbeitsbelastung
- Kontrolle
- Zusammenarbeit mit anderen organisatorischen Einheiten, Kollegen

2. Prüfen Sie, wie stark die Veränderung ist: ob dies im Rahmen eines Schrittes zu realisieren ist oder ob es besser schrittweise durchgeführt werden sollte.

Checkliste "Veränderungsanalyse"					
Arbeitsplatz/Betroffenengruppe:					
Aspekte \ Stärke der Veränderung	gering	stark	sehr stark	positiv (für den Betroffenen)	negativ (für den Betroffenen)
Aufgabenzuordnung					
Arbeitsablauf					
Handlungsspielraum					
Verantwortung					
Informationsstand					
Qualität der Arbeit					
Arbeitsbelastung					
Fremdkontrolle					
Zusammenarbeit mit anderen organisatorischen Einheiten, Kollegen					

Diese Checkliste gleicht der "Betroffenheitsanalyse". Es geht hierbei jedoch nicht darum, die Stärke der Betroffenheit zu untersuchen, sondern zu prüfen, ob der Grad der Veränderung so einzuschätzen ist, daß er:

- ohne Zwischenschritt erreicht werden kann (gering),
- mit einem Zwischenschritt (stark),
- mit mehreren Schritten ggfs. sehr langfristig (bei sehr starken, negativen Veränderungen).

Auch können sich mehrere Aspekte, die nur eine geringe Veränderung aufweisen, durchaus zu einer starken bzw. sehr starken Veränderung summieren. Das obliegt jedoch Ihrer Einschätzung und der Einschätzung der Betroffenen.

3. Ist die Veränderung zu groß, planen Sie Zwischenstufen, die die Betroffenen langsam an das geplante System heranführen.

   Derartige Ansätze für eine stufenweise Entwicklung und Einführung sind:

   - der Prototypen-Ansatz
   - die Pilotanwendung.

   Der Prototypen-Ansatz geht - vereinfacht dargestellt - von einem Spielsystem aus. Da wird z.B. bei der Entwicklung eines Dialogsystems die Benutzer- Schnittstelle grob konzipiert. Masken und Dialogabläufe werden ohne Ausführungsprogramme auf dem Rechner realisiert. Der spätere Benutzer kann dann einzelne Dialogabläufe ausprobieren und weitere Wünsche äußern. Dadurch wird das System automatisch immer komplexer und vollständiger. Der Benutzer hat auf diese Weise die Möglichkeit, die Entwicklung zu steuern und es fällt ihm leichter, die Entwicklung nachzuvollziehen.

   Die Pilotanwendung geht davon aus, daß die Akzeptanz größer ist, wenn der Lernende sieht, daß es in der Realität schon einmal funktioniert hat. Darüber hinaus wird in der Pilotanwendung ein großer Teil von Fehlern bereits ausgeräumt, die die Lernprozesse stören und die Skepsis der Betroffenen fördern könnten.

3.3.2.4 Auswahl von Methoden und Techniken zur Systementwicklung

Auf diesen Punkt möchten wir nur kurz eingehen, weil die Problematik in verschiedenen Methodenbetrachtungen ausführlich behandelt wird. Nur der Vollständigkeit halber: Systementwicklungsmethoden sind auch

Kommunikationsmittel, unter anderem für Fachabteilung und Systementwickler. Die Auswahl und der Einsatz von entsprechenden Methoden sollte daher auch unter dem Aspekt erfolgen, welche Methode unterstützt in welcher Form die Zusammenarbeit zwischen der Fachabteilung und der EDV/ORG-Abteilung? Gegebenenfalls müssen Mitarbeiter der Fachabteilungen in Methoden und Techniken geschult werden, um die sachliche Auseinandersetzung zu fördern.

3.3.3 Die erste Projektsitzung

Bei der Erarbeitung der Projektstrategie steht die Frage im Vordergrund: "Welche Voraussetzungen muß ich schaffen, um das Projekt den Erfordernissen des Umfelds anzupassen?" Projektbeginn bedeutet für den Projektleiter jedoch auch, die Führung des Projektteams, d.h. die Führung der Projektmitarbeiter, zu übernehmen. Ein entscheidender Augenblick für die Übernahme der Führung ist die erste Projektsitzung. In dem Maße, wie der Projektleiter die Erfordernisse der Situation und seiner Mitarbeiter erkennt, kann er sich als "Leiter" qualifizieren und für die Zukunft Weichen stellen.

Welche typischen Führungsfehler begehen Projektleiter bei der ersten Zusammenkunft der Projektmitarbeiter?

1. Der Projektleiter erläutert zu spät, warum die Teilnehmer zusammengerufen wurden.

2. Die Teilnehmer kennen sich nicht. Der Projektleiter gibt den Teilnehmern nicht die Möglichkeit, sich vorzustellen.

3. Es ist unklar, welche Verantwortung, Rechte und Pflichten der Projektleiter hat.

4. Der Projektleiter analysiert nicht die Ausgangssituation in seinem Team. Insbesondere versäumt er es, den Informationsstand seines Teams und auch die Erwartungen, Meinungen und Bedürfnisse seiner Teammitglieder zu erfragen.

5. Der Projektleiter zeigt nicht deutlich, daß er Führungsfunktion übernehmen will und kann. Er verunsichert auf diese Weise diejenigen, die von ihm klare Aussagen und damit Orientierung erwarten und stellt somit seine eigene Position in Frage.

Um Fehler zu vermeiden, muß sich der Projektleiter der besonderen Situation zu Projektbeginn bewußt sein: Ein wesentliches Charakteristikum dieser Situation ist die natürlicherweise bei allen Beteiligten vorhandene Unsicherheit. Hinzu kommen unterschiedliche Interessen, Erwartungen und Befürchtungen. Aber auch die Freude bei den einen, weil etwas Neues beginnt, Unwille bei den anderen, weil sie mitmachen müssen. Fremde und Freunde kommen zusammen. Und alle Augen sind auf den Projektleiter gerichtet: Von ihm erwartet man Initiative, um die Unsicherheit dieser Phase zu überbrücken. Bleibt diese aus und schafft es der Projektleiter nicht, sich das Vertrauen des Teams zu sichern, kann die Projektarbeit zur Bühne von Machtkämpfen werden.

Im folgenden haben wir einige Aspekte zusammengestellt, auf die Sie in der ersten Projektsitzung achten sollten, um die Arbeitsfähigkeit des Teams zu sichern. Sie sind auf diese Weise in der Lage, die Beteiligten und ihre Meinungen besser kennenzulernen. Damit gewinnen Sie an Vertrauen, fördern auch das Gruppenklima und schaffen die Voraussetzungen zur Kooperation. Insgesamt beweisen Sie somit Ihre Führungskompetenz.

Mit der ersten Projektsitzung haben Sie also ein Instrument, das Ihnen hilft, Ihren Führungswillen und Ihre Führungsfähigkeiten zu verdeutlichen. Gleichzeitig klären Sie damit die Beziehungen zwischen sich und den Projektmitarbeitern. Wenn Sie somit die Voraussetzungen zur Kooperation geschaffen haben, bleiben Ihnen in vielen Fällen unproduktive Rangeleien um Sachfragen, die bewußt oder unbewußt mehr die Funktion haben, Ihre Führungskompetenz zu prüfen, erspart.

Woran sollte ein Projektleiter bei der ersten Zusammenkunft seines Teams denken und worauf sollte er achten?

Als grundsätzliche Aufgaben, die ein Projektleiter in der ersten Projektsitzung wahrnehmen sollte, sehen wir:

- Das Kennenlernen sicherstellen.
- Die Erwartungen, Fragen und Informationsbedürfnisse der Projektmitarbeiter klären.
- Die Grundlagen für die Zusammenarbeit festlegen.
- Die Rechte und Pflichten des Projektleiters offenlegen.

Nun einige Hinweise zu den einzelnen Aspekten. Bitte wählen Sie bei der Vorbereitung einer ersten Sitzung die für Sie sinnvollen Aspekte aus. Nicht bei jedem Projekt sind alle Punkte notwendig.

1. Der Projektleiter ist der Einladende. Seine Aufgabe ist es, die Sitzung zu eröffnen und zu leiten.

2. Der Projektleiter stellt sich vor. Dazu gehören auch die folgenden Erläuterungen:
   "Ich bin ernannt worden zum Leiter des Projektes XYZ."
   "Ernannt wurde ich von dem 'Lenkungskreis Informationssysteme'."
   "Für die Dauer von-bis bzw. für die Phasen A-D."
   "In der Vergangenheit habe ich folgendes gemacht..." (erläutern Sie an dieser Stelle Ihren beruflichen Background und erwähnen Sie - wenn möglich - warum Sie für dieses Projekt als Leiter ausgewählt wurden.)

3. Alle Mitarbeiter sollten sich selber vorstellen, sofern man sich nicht ohnehin kennt. Namensschildchen in den ersten Sitzungen können als Gedächtnisstütze hilfreich sein. Vermeiden Sie während der Vorstellungsrunde Diskussionen, z.B. über die berechtigten oder unberechtigten Erwartungen der Teilnehmer. Hören Sie die "Botschaften", die teils offen, teils unterschwellig in der Vorstellung der einzelnen Personen enthalten sind, aber gehen Sie noch nicht darauf ein. Wir wollen das an einem kleinen Beispiel erläutern:

   "Mein Name ist Schmitz. Ich komme aus der Produktion. Um ehrlich zu sein, ich habe keine Ahnung, was ich hier soll." Sich hier zu rechtfertigen, wäre grundverkehrt. Auf diese Weise würden Sie zum falschen Zeitpunkt eine Diskussion in Gang bringen. Nehmen Sie die

Aussagen zunächst einfach auf und merken Sie sich die Botschaft, die etwa so lauten könnte: "Ich bin ärgerlich. Man hat mich nicht richtig informiert. Ich habe Wichtigeres zu tun."

4. Welche Erwartungen, Befürchtungen, Wünsche und Hoffnungen bringt der Einzelne in die erste Sitzung mit?

Fragen Sie gezielt nach den Erwartungen, Befürchtungen, Wünschen und Hoffnungen. Aber fragen Sie erst nach der Vorstellungsrunde! Diskutieren Sie dann aber nicht darüber, ob die eine oder andere Meinung berechtigt oder unberechtigt ist, sondern versuchen Sie zunächst einmal, nur die Informationen aufzunehmen und zu verstehen. Das ist nicht immer leicht. Es hilft Ihnen, zu einem späteren Zeitpunkt gezielt zu informieren. Dadurch wahren die einzelnen das Gesicht, haben das Gefühl, von Ihnen ernst genommen zu werden und Sie können in Ruhe die Meinungen prüfen und Argumente formulieren.

Häufig entstehen negative Meinungen und Befürchtungen aus Projekten der Vergangenheit. Fragen Sie nach, welche Erfahrungen die Projektmitglieder mit anderen Projekten gemacht haben:

- Was war positiv?
- Was war negativ?
- Was kann man daraus für dieses Projekt ableiten?

Auf diese Weise zeigen Sie, daß Sie die Mitarbeiter ernst nehmen und aus Erfahrungen anderer lernen können.

5. Welche Informationen und Gerüchte haben die Teammitglieder bereits gehört?

Gerüchte zeigen, daß es ein Informationsdefizit gibt. Gerüchte offen ansprechen, zeugt von der persönlichen Sicherheit eines Projektleiters. Sie haben die Möglichkeit, die Gerüchte aus der Welt zu schaffen, indem Sie gezielt informieren. Nutzen Sie diese Chance nicht, kocht und gart es weiter in der Gerüchteküche.

6. Nach welchen Regeln, Absprachen will das Team künftig zusammenarbeiten?

Die wichtigsten Regeln sollte der Projektleiter zunächst vorgeben. Später kann das Team, falls notwendig, über die Formen der Zusammenarbeit sprechen und die geeignete Auswahl selbst zusammenstellen. Der Projektleiter hat die Möglichkeit, Regeln für die Zusammenarbeit vorzuschlagen:

- regelmäßige und pünktliche Teilnahme an Sitzungen,
- rechtzeitige und umfassende Information,
- klare und eindeutige Absprachen,
- korrekte und pünktliche Ausführung übernommener Aufgaben und Tätigkeiten,
- schriftliches Protokollieren von Sitzungen, Gesprächen,
- rechtzeitige Information über getroffene Teilentscheidungen,
- rechtzeitige und eindeutige Information über aufgetretene Probleme und Verzögerungen,
- klare Vertretungsregelungen,
- äußere Form von Dokumenten, Protokollen und anderen Schriftstücken.

(Erweitern Sie diese Liste nach Ihren Bedürfnissen.)

Derartige Absprachen sind wichtig, da man sich Wünsche und Vorstellungen über die Arbeit nicht von den Augen ablesen kann. Je klarer diese Regeln sind, um so leichter werden Reibungsverluste bei der Projektarbeit vermieden.

Grundlage für das Funktionieren solcher Regeln ist:

(1) Sie müssen allen verständlich sein.
(2) Sie müssen akzeptiert werden.

Beides sollte der Projektleiter nach der Darstellung dieser Vereinbarungen prüfen. Stellen Sie folgende Fragen:

- Gibt es noch Verständnisfragen dazu?
- Können wir uns auf diese Absprachen verständigen?

7. Die Rechte und Pflichten eines Projektleiters, seine Befugnisse und Kompetenzen, sind oft unklar. Die erste Sitzung sollte daher auch der Klarstellung dieses Sachverhalts dienen:

"Ich sehe meine Aufgaben in:

- der fachlichen Planung und Kontrolle des Projektes,
- der Sicherung der Wirtschaftlichkeit unserer Arbeit,
- der Sicherung der Akzeptanz unserer Arbeit und unserer Projektergebnisse."

"Meine Entscheidungs- und Handlungsbefugnisse sind:

- Sachentscheidungen im Rahmen von ...
- Personalentscheidungen wie
  - Urlaubsplanung
  - Personaleinsatz
  - Weiterbildung."

Mit diesen Punkten haben Sie die Weichen für eine erfolgreiche Arbeit im Team gestellt. Auch wenn nicht alle Punkte gleich in der ersten Sitzung zur Anwendung kommen, sollten Sie frühzeitig in den weiteren Sitzungen die Punkte klären und damit Ihren Mitarbeitern die Orientierung bieten, die eine langfristige Zusammenarbeit erfordert.

3.4 Checklisten "Projektbeginn"

A. Checkliste zur "Projektdurchführungsstrategie"

I. Machen Sie eine genaue Situationsanalyse. Erst aus der genauen Kenntnis und dem Verständnis der Ausgangssituation eines Projektes bzw. der Situation der Beteiligten und Betroffenen kann eine wirksame Strategie entworfen werden.

1. Wer ist der Auftraggeber?

2. Wer sind die Träger der Projektidee?

3. Gibt es Hintermänner?

4. Wie kann der zu organisierende Bereich charakterisiert werden?

   - Stellung, Selbstverständnis, Image
   - Geschichte und Entwicklung des Bereichs
   - Art der Mitarbeiter(gruppen)
   - Betriebsklima, Führungsstil
   - externe Abhängigkeiten

5. Wie steht der Bereich dem Vorhaben gegenüber?

   - Wie ist die Vorgeschichte des Projektes?
   - Welche Meinungen, Gerüchte, Befürchtungen, Hoffnungen gibt es?
   - Welche Fronten, Gruppierungen haben sich gebildet?

6. Welche Erfahrungen hat der Bereich mit dem ORG/DV-Bereich bzw. früheren Projekten gemacht? (Siehe Checkliste Seite 38.)

   - Welche Projekte/Projektplanungen sind wie gelaufen?
   - Könnten frühere Mißerfolge Ihre Arbeit beeinflussen?

7. Welche Bedeutung hat das Projekt für den Bereich und die Mitarbeiter?

8. Wer ist in welcher Form durch das Vorhaben betroffen? Machen Sie hierzu eine detaillierte Betroffenheitsanalyse! (Siehe Checkliste Seite 40.)

9. Prüfen Sie die Beteiligungswünsche - machen Sie eine Analyse der Beteiligungswünsche! (Siehe Checkliste Seite 43.)

10. Prüfen Sie, ob Sie willens und fähig sind, das Projekt als Projektleiter zu übernehmen!

(Die Auswertung der erhobenen Situationen erfolgt unter den Aspekten:

- Was bedeutet das für die Ziele des Projektes, für die angestrebte Lösung, für die Erwartungen des Managements?
- Was bedeutet das für den Projektablauf, die Projektarbeit selbst, die zukünftige Zusammenarbeit der verschiedenen beteiligten Gruppen und die Projektorganisation?
- Welche akzeptanzfördernde Maßnahmen muß ich einleiten?)

II. Gestalten Sie aufgrund der gewonnenen Erkenntnisse die Projektorganisation.

1. Wer müßte wie mitwirken, um eine sachlich richtige Lösung zu erreichen?
   (Die Beantwortung erfolgt nach den Aspekten: Qualifikation, Information, Grad der Betroffenheit.)

2. Wer möchte in welcher Form mitwirken (Einbeziehung der Ergebnisse aus der Beteiligungsanalyse)?

3. Wer sollte wie mitwirken, um sowohl den sachlichen Anforderungen zu entsprechen, als auch die Akzeptanz zu gewährleisten?

III. Planen Sie die notwendigen und möglichen Veränderungsschritte.

1. Prüfen Sie die Auswirkungen, die mit der angestrebten Lösung für die einzelnen Mitarbeiter(gruppen) auftreten.

2. Prüfen Sie, wie stark diese Veränderungen sein werden. (Siehe Checkliste Seite 51.)

3. Falls die Veränderungen zu stark sind: welche Zwischenschritte sind möglich?

IV. Wählen Sie geeignete Methoden und Techniken zur Systementwicklung aus, die gegebenenfalls auch als Kommunikationsmittel für Fachabteilung und Systementwickler dienen können.

B. Checkliste "Erste Projektsitzung"

1. Projektleiter eröffnet und leitet die Sitzung.

2. Sich als Projektleiter darstellen:
   - ernannt von ...
   - für die Dauer von ...
   - Erfahrungshintergrund.

3. Vorstellungsrunde (Namensschildchen?)

4. Welche Erwartungen, Befürchtungen, Wünsche, Hoffnungen haben die Projektmitarbeiter (Erfahrungen aus anderen Projekten)?

5. Welche Informationen (Gerüchte) gibt es über das Projekt bereits?

6. Rechte und Pflichten des Projektleiters:
   - Aufgaben
   - Entscheidungs- und Handlungsbefugnisse.

4 Erfolgreich arbeiten im Projektteam

4.1 Ziele des vierten Kapitels

Ein wesentlicher Bestandteil der Projektarbeit ist die Kooperation in Arbeitsgruppen: Menschen aus unterschiedlichen Bereichen und Hierarchieebenen müssen interdisziplinär zusammenarbeiten, um die Ziele des Projektes zu erreichen. Das ist bekanntlich nicht immer so einfach: Unterschiedliche Ansichten über die gestellten Projektziele und die einzelnen Aufgaben, Meinungsverschiedenheiten über Vorgehensweisen und Prioritäten, Bereichsegoismen und persönliche Spannungen erschweren die Zusammenarbeit. Sachlich notwendige Teamsitzungen werden als lästiges Übel und Zeitverschwendung empfunden, die einen von der dringend zu erledigenden Alltagsarbeit abhalten. Und der Projektleiter hat die Aufgabe, die unterschiedlichen sachlichen und persönlichen Bedürfnisse unter einen Hut zu bringen, wobei er in den meisten Fällen keine Personalverantwortung für die Mitglieder der Projektgruppe hat. Es gehört zu seinen Führungsaufgaben, die Projektgruppe so zu leiten, daß

- die Gruppe produktiv arbeitet und die Ziele im vorgegebenen Zeitraum erreicht,
- die Mitarbeiter der Projektgruppe motiviert sind, mitzuarbeiten.

"Nun können Führer eine Gruppe machen - oder sie kaputtmachen."[1)]
Von der Einstellung, den Verhaltensweisen und dem Geschick des Projektleiters hängt das Verhalten des einzelnen, die Arbeitsweise der Projekt-

1) T. Gordon/1979/S. 12

gruppe und damit letztlich das Ergebnis ab. Der Projektleiter kann durch gute Vorbereitung der Sitzungen, durch Pünktlichkeit und Aufmerksamkeit beim Zuhören Vorbild für die anderen sein. Auftretende Konflikte können von ihm sachlich aufgegriffen und mit persönlicher Souveränität angesprochen oder aber ängstlich verschwiegen werden. Zur professionellen Projektleitung gehört auch die Fähigkeit, Gruppen zu führen und das nicht nur in Schönwetterzeiten, sondern auch dann, wenn Zeitdruck, Zielkonflikte oder persönliche Spannungen den Himmel in der Projektgruppe verdunkelt haben.

Zur Gruppenführung brauchen Sie nicht nur persönliche Sicherheit, sondern auch ein solides "handwerkliches" Repertoire, das Ihnen hilft, die alltäglichen Probleme im Projektteam zu lösen. Wir beobachten bei der Arbeit von Projektgruppen - natürlich auch in anderen Arbeitsgruppen -, daß es häufig einfach am fehlenden methodischen know-how liegt und deshalb Reibungsverluste und Frustrationen entstehen: Kommunikationsregeln und Problemlösungstechniken sind nicht bekannt oder werden einfach nicht beachtet. Spannungen innerhalb der Gruppe werden tabuisiert, nicht angesprochen und folglich nicht gelöst.

Wir möchten Ihnen in diesem Kapitel vor allem Handwerkszeug, Methoden und Techniken der Gruppenarbeit vermitteln. In Abschnitt 4.2 schildern wir typische Praxisprobleme der Projektgruppenarbeit. Möglicherweise kennen Sie das eine oder andere Problem auch. In Abschnitt 4.3.1 beschreiben wir die vier Einflußfaktoren, durch welche die Arbeit der Projektgruppe wesentlich geprägt wird. Auf dieser Grundlage werden Sie in 4.3.2 Regeln und Hinweise lesen, die Ihnen helfen, methodisch richtig als Gruppenleiter zu agieren. Die Gruppenprozeßanalyse (4.3.3) spielt für die Führung der Gruppe eine besondere Rolle. Denn gerade in schwierigen Situationen können Sie erst durch das Hinterfragen und Reflektieren der Arbeitsweise der Gruppe und der abgelaufenen Gruppenprozesse Veränderungen erreichen.

Ziele dieses Kapitels:

- Wir schildern die Praxisprobleme.
- Sie lernen die vier Einflußfaktoren der Projektgruppenarbeit kennen.
- Wir stellen Gruppenarbeitsregeln dar.
- Sie finden ein praxisgerechtes Instrumentarium zur Gruppenprozeßanalyse.

Natürlich können Sie durch Regeln oder methodisches know-how nicht alle auftretenden Probleme lösen: Sachlich begründete Zielkonflikte beeinflussen die Gruppenarbeit, ebenso bewußt und unbewußt initiierte gruppendynamische Prozesse, denen mit Gruppenarbeitsregeln schwerlich beizukommen ist. Fehlendes Durchsetzungsvermögen des Projektleiters kann nicht durch soziale Techniken kompensiert werden. Aus diesem Grunde möchten wir Sie ausdrücklich darauf hinweisen, daß die Kenntnis von Gruppenarbeitsregeln alleine nicht ausreicht, um sicher Gruppen führen zu können. Sie sollten auch in der Lage sein, gruppendynamische Prozesse zu verstehen und Ihr eigenes Verhalten als Gruppenleiter, vor allem in Konfliktfällen, richtig einzuschätzen. Das setzt normalerweise persönliche Erfahrungen mit gruppendynamischen Prozessen voraus. So werden weder Kommunikationsregeln noch methodische Hinweise zur Gruppenarbeit ein Teamtraining, eine gruppendynamische Veranstaltung, ersetzen.[1] Sie bilden jedoch eine sinnvolle Ergänzung.

4.2 Praxisprobleme

Projektgruppen funktionieren bei weitem nicht immer. Dafür gibt es unterschiedliche Ursachen. Bitte lesen Sie sich zunächst einmal nur die Praxisprobleme gründlich durch.

---

1) Im Anhang finden Sie Informationen zu Projektleiter-Trainings, in denen die Gruppendynamik eine wesentliche Komponente darstellt.

Probleme	Ihre Analyse des Problems
- "Um 9.00 Uhr sollte die Sitzung beginnen, was allen bekannt war. Jetzt ist es 20 Minuten nach 9.00 Uhr und wir können immer noch nicht anfangen, weil einige Herren wieder fehlen. So etwas kommt bei uns regelmäßig vor, da können Sie die Uhr nach stellen."	T I G U
- Ein Projektleiter sagt: "Getroffene Vereinbarungen werden nicht von allen eingehalten. Die Arbeitsdisziplin von einigen Mitarbeitern des Teams ist schlecht."	T I G U
- "In letzter Zeit reden immer nur die selben Gruppenmitglieder. Die beiden Sachbearbeiter aus der Abteilung Einkauf und Materialwirtschaft sagen gar nichts mehr. Sie verhalten sich völlig passiv."	T I G U
- In einem Projektteam kommt man in Diskussionen oft vom Thema ab. Man verzettelt sich. Es werden Themen besprochen, die gar nicht zur Sache gehören.	T I G U
- "Unsere Sitzungen werden durch nicht angesprochene Konflikte, die unterschwellig vorhanden sind, erheblich belastet. Aber da traut sich keiner heran. Wir müßten einfach offener miteinander reden!"	T I G U

-	Ein Mitglied des Projektteams schildert seine Probleme so: "Wir diskutieren sachlich. Es werden sehr vernünftige Vorschläge gemacht, aber wir arbeiten nicht systematisch genug und dadurch geht uns viel an Effizienz verloren. Uns fehlt das methodische Know-how."	T I G U
-	"Das Problem der Projektgruppe liegt eindeutig in der Person des Hauptabteilungsleiters M. Der meint, er müßte mitarbeiten. Wenn der seine Monologe hält, dann könnte ich am liebsten den Löffel schmeißen", klagt ein Projektleiter.	T I G U
-	"Mich nervt es erheblich, wenn längst abgehakte Themen einen Monat später wieder auf den Tisch kommen. Das kostet sehr viel Zeit."	T I G U
-	In einem Projektteam, das seit längerer Zeit intensiv zusammenarbeitet, breitet sich zunehmend Verunsicherung und Resignation aus. Es geht das Gerücht herum, daß das Projekt nicht mehr weitergeführt werden soll. Niemand weiß etwas Genaues, auch der Projektleiter nicht.	T I G U
-	Ein qualifiziertes Mitglied der Projektgruppe aus dem Fachbereich teilt dem Projektleiter mit, daß er nicht mehr im Projekt mitarbeiten kann, weil sein Chef ihn für andere Aufgaben eingeplant hat. Der neue Vertreter des Fachbereichs ist wenig qualifiziert und mit der bisherigen Projektarbeit nicht vertraut.	T I G U

Diese Probleme sind alltäglich, sie begegnen uns in der Praxis immer wieder.

4.3 Projektgruppen sicher leiten

4.3.1 Durch welche Faktoren wird die Arbeit der Projektgruppe beeinflußt?

Wenn Sie sich die geschilderten Praxisprobleme in Abschnitt 4.2 noch einmal vor Augen führen, so werden Sie sicher mühelos feststellen, daß die Ursachen der geschilderten Probleme unterschiedlicher Natur sind: Die Ursachen können sowohl im Verhalten des einzelnen Teammitgliedes liegen als auch in Entscheidungen von "außen", auf die weder der Projektleiter noch ein anderes Mitglied der Projektgruppe Einfluß haben.

Im Grunde lassen sich fast alle in der Projektgruppenarbeit auftretenden Probleme vier Einflußfaktoren zuordnen:

1. Die Projektarbeit wird sicher durch das Projektziel und die damit verbundenen Aufgabenstellungen beeinflußt. Ein unklar definiertes Projektziel oder nicht akzeptierte Detailaufgaben können den Gruppenprozeß erheblich stören. In Anlehnung an die Themenzentrierte Interaktion[1)] sprechen wir im Zusammenhang mit Zielen und Aufgaben vom Thema. Es ist die Sachebene der Arbeitsgruppe.

2. Die Arbeit der Gruppe wird durch die Einstellung, das Verhalten, die fachliche Qualifikation und das methodische know-how des einzelnen Gruppenmitgliedes (Individuum) positiv oder negativ beeinflußt.

3. Der gruppendynamische Prozeß - die in der Gruppe herrschenden Beziehungsmuster und Umgangsformen - ist der dritte Einflußfaktor. Das Gruppenklima wirkt sich auf die Arbeitsleistung der Gruppe und auf die Einstellung der einzelnen Mitglieder zur Gruppe aus.

4. Die Projektgruppenarbeit wird nicht nur durch das Thema, durch den einzelnen und durch den Gruppenprozeß bestimmt, sondern auch durch das Umfeld, in dem die Gruppe arbeitet. Zum Umfeld gehört ein großes Spektrum von einzelnen Einflußfaktoren, das von räumlichen Arbeitsbedingungen bis zum Entscheidungsverhalten von

---

1) Zur Themenzentrierten Interaktion siehe R. Cohn/1980

Führungskräften reicht, die nicht im Projektteam mitarbeiten, durch ihre Entscheidung aber das Team erheblich beeinflussen. Der Einfluß des Umfeldes wird in unserem letzten Praxisproblem sehr deutlich.

Gehen Sie jetzt noch einmal die Praxisprobleme in 4.2 durch und analysieren die Ursachen, wobei wir Ihnen folgende Abkürzungen anbieten:

T = Thema

I = Individuum

G = Gruppenprozeß

U = Umfeld

Tragen Sie in die Spalte "Ihre Analyse des Problems" die Abkürzungen ein.

Die folgende Abbildung verdeutlicht die Einflußfaktoren der Projektgruppenarbeit.

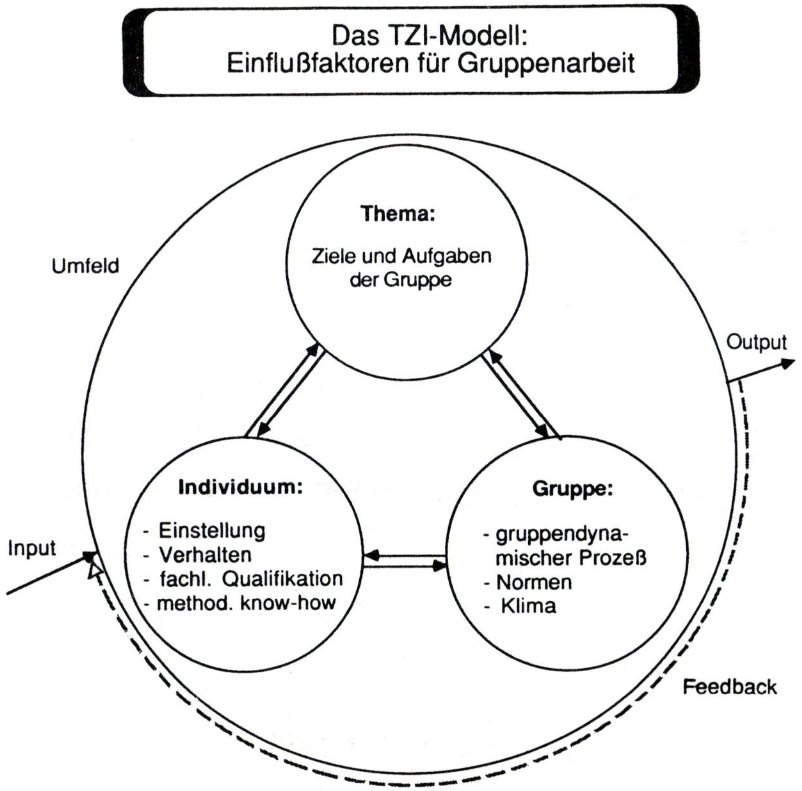

Wir werden nun die Einflußfaktoren und die zwischen ihnen bestehenden Wechselwirkungen genauer beschreiben und Ihnen Regeln und methodische Hinweise geben, die Ihnen in Ihrer Rolle als Gruppenleiter nützlich sein können.

4.3.1.1 Ziele und Aufgaben der Gruppe

Wenden wir uns zuerst dem Einflußfaktor "Thema" zu, denn schließlich wird eine Projektgruppe ja gebildet, um ein gestelltes Ziel zu erreichen. Das Thema, die Aufgaben, stehen im Mittelpunkt der Projektarbeit.
Schon manch eine Besprechung verlief unbefriedigend, weil den Beteiligten die zu besprechenden Aufgabenstellungen unklar waren. "Wir haben einfach am Thema vorbeigeredet", so lautet dann die treffende Aussage.
Angenehme Themen - die Bekanntgabe der erfolgreichen Präsentation des Projektes oder die Bewilligung neuer Terminals - haben eine andere Auswirkung auf den Gruppenprozeß wie die Diskussion unangenehmer, "heißer" Themen, wie beispielsweise die Aussprache über das schlechte Betriebsklima in der Abteilung oder die Klärung der Frage, warum zugesagte Arbeiten von Projektmitarbeitern nicht erfüllt wurden. Für das Verständnis von Sitzungsabläufen ist von Bedeutung, daß die zu diskutierenden Themen erheblichen Einfluß auf den Gruppenprozeß und auf die einzelne Person haben können. Die Sachebene beeinflußt die Beziehungsebene. Zum Verständnis des Verhaltens in einer Arbeitsgruppe ist deshalb folgende Frage für Sie wichtig:

> Welchen Einfluß hat das Thema auf den einzelnen
> und die Gruppe?

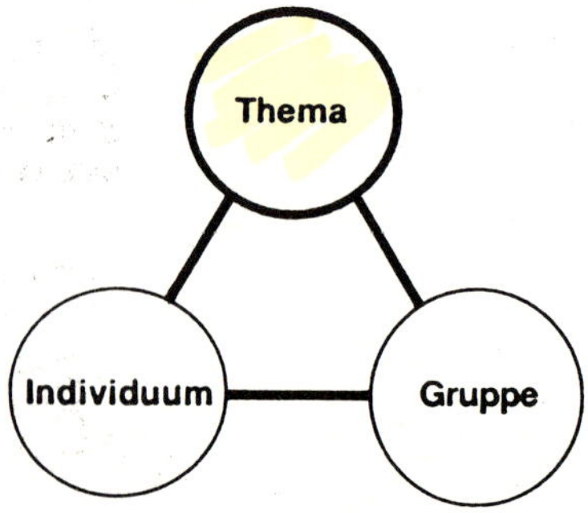

4.3.1.2 Individuum - Einstellung, Verhalten, Qualifikation des einzelnen

Der einzelne Mensch beeinflußt mit seiner Einstellung, mit seinem Wissen und seiner Erfahrung, mit seinen verbalen und nonverbalen Verhaltensweisen die Arbeit des Projektteams. Ein persönlich unsicher wirkender Projektleiter, der sich nicht richtig durchsetzen kann, wird mit Sicherheit einen anderen Einfluß auf eine Gruppe ausüben wie ein souverän wirkender Projektleiter. Das einzelne Mitglied kann durch fachliche Qualifikation und durch Verhalten Produktivität und Klima einer Arbeitsgruppe fördern, aber auch hemmen.

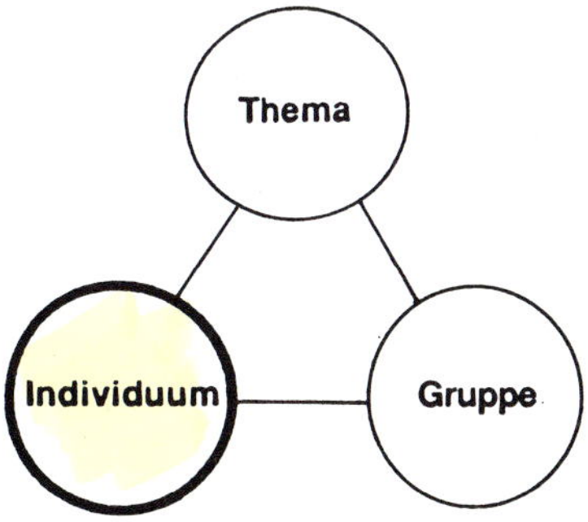

Es gehört zu den Führungsaufgaben des Projektleiters, die Bedürfnisse und Interessen des Mitarbeiters wahrzunehmen, zu erfahren. Es ist wichtig, das Individuum auch als solches anzuerkennen. Nehmen Sie den einzelnen Mitarbeiter mit seinen Problemen, Bedenken und Eigenarten wahr und ernst. Nur so kann sich das erforderliche Gefühl von Autonomie und Individualität entwickeln. Ist dies nicht gegeben, fühlen sich die Gruppenmitglieder austauschbar. Es wird keine Einzelverantwortung übernommen und der persönliche Einsatz in der Projektgruppe läßt nach. Jeder Mensch hat ein fundamentales Bedürfnis nach Achtung und Wertschätzung. Führung bedeutet auch, diesem Bedürfnis nachzukommen. Das kennen Sie sicher auch aus eigener Erfahrung.

Noch ein Wort zu den Gefühlen. In der doch meistens sehr sachlichen Behandlung von Projektaufgaben wird häufig die Auseinandersetzung mit den Gefühlen eines Menschen als lästig angesehen: "Seien Sie doch nicht so emotional!" Gefühle sind jederzeit in jedem Menschen und sie sind eine wichtige Einflußgröße - neben der kognitiven Ebene - zur Steuerung des

Verhaltens. Sie leugnen, bedeutet, sich und den anderen nicht als Mensch, sondern höchstens als Werkzeug zu sehen und ist im übrigen eine Verkennung der Realität. Gerade über das Verständnis für die gefühlsmäßige Situation des anderen kann ein großes Potential an Produktivität und Kreativität in der gemeinsamen Arbeit erschlossen werden.
Die Blockade von Gefühlen des einzelnen in der Gruppe kann dazu führen, daß die "Energie der Gruppe" darunter leidet. Das zeigt sich beispielsweise in der Passivität einer Projektgruppe. Sie haben dann den Eindruck, daß die Arbeit sehr zäh, schleppend verläuft. Nach solchen Tagen spüren viele abends ihre eigene Erschöpfung, weil die Arbeit mit einer passiven Gruppe äußerst anstrengend ist.

4.3.1.3 Gruppe

Die gruppendynamischen Prozesse können den Verlauf und damit auch das Ergebnis einer Sitzung erheblich beeinflussen. Spannungen zwischen den Gruppenmitgliedern führen häufig zu taktierendem Umgang mit Informationen und beeinträchtigen die Energie und die Kreativität der Gruppe. Ein offenes, angstfreies Klima fördert die Beziehungen zwischen den einzelnen Personen und verstärkt die Bereitschaft, sich gegenseitig zu unterstützen. Der Gruppenprozeß beeinflußt sowohl den einzelnen Mitarbeiter als auch die Sachebene, das Thema.

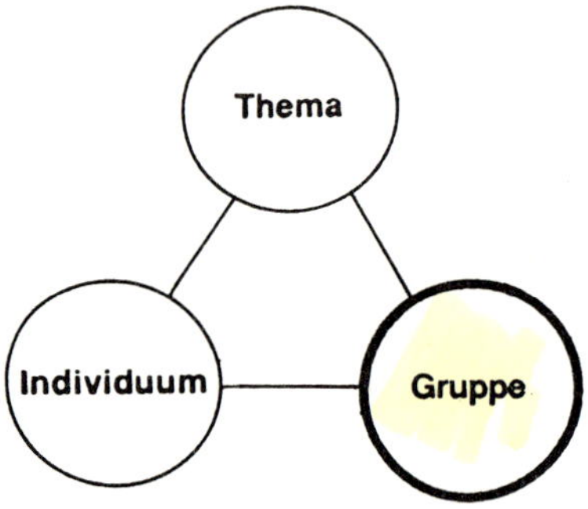

4.3.1.4 Umfeld

Der vierte Einflußfaktor ist das Umfeld, in dem die Projektgruppe arbeitet. Dazu gehören nicht nur das Besprechungszimmer oder das Arbeitsmaterial. Zum Umfeld zählen:

- die Rahmenbedingungen des Projektes,
- die zur Verfügung stehenden Ressourcen,
- die bestehende Organisationsstruktur des Unternehmens und die hierarchischen Grenzen,
- die Zukunft des Unternehmens,

um nur vier Umfeldgrößen zu nennen.

Selbstverständlich ist auch das Entscheidungsverhalten von Führungskräften, die nicht an einer Besprechung teilnehmen, mit ihrer Entscheidung jedoch die Ergebnisse der Besprechung in Frage stellen können, Teil des Umfeldes.
Das Umfeld spielt für den Projekterfolg eine zentrale Rolle. Viele Projekte sind dadurch gescheitert, weil die Voraussetzungen des Umfeldes nicht geeignet sind, erfolgreich Projektarbeit durchzuführen. In Kapitel 6 gehen wir auf diesen Aspekt gezielt ein.

4.3.2 Methoden und Regeln der Projektgruppenarbeit

Sie haben nun die vier Einflußfaktoren der Projektgruppenarbeit kennengelernt. Unterscheiden wir die Gestaltung von Besprechungen und Sitzungen in

1. V o r b e r e i t u n g
2. D u r c h f ü h r u n g

so ergibt sich folgende Matrix:

Einflußfaktor / Phase	Thema	Individuum	Gruppe	Umfeld
Vorbereitung				
Durchführung				

Anhand dieser Matrix stellen wir Ihnen praktische Hinweise und Regeln zur Planung und Durchführung von Gruppensitzungen vor.

4.3.2.1 Vorbereitung

Der Erfolg einer Sitzung wird wesentlich durch die gründliche Vorbereitung bestimmt. Häufig geht während einer Sitzung viel Zeit verloren, weil dort Fragen geklärt werden müssen, die in die Vorbereitungsphase gehören.

Worauf können Sie nun bei der Vorbereitung einer Projektsitzung achten?

(1) Themen systematisch sammeln

Nach Möglichkeit sollten die Themen einer Sitzung vorher gesammelt und bekanntgemacht werden, denn auf diese Weise können sich alle Besprechungsteilnehmer mit den Themen vertraut machen. In der Praxis hat sich folgendes Schema gut bewährt:

Themen zur Sitzung am 3.04.			
Thema	kurze Begründung des Themas	von wem	geschätzter Zeitaufwand
Info Betriebsrat	Betriebsrat verlangt Information	Maier	30 Min.
Schulungskonzept	eilt, wenn Termin gehalten werden soll	PL	2 Std.
Bitte beachten Sie: "Wir tagen am 3.04. ausnahmsweise im Raum 304. Beginn: 9.00"			

Jeder Teilnehmer der Sitzung hat die Möglichkeit, seine Themen bis zu einem festgelegten Termin demjenigen bekanntzugeben, der die Vorbereitung der Sitzung übernommen hat. Natürlich werden auch noch wichtige Themen kurzfristig zu Beginn einer Sitzung auf die Tagesordnung gesetzt. Der Vorteil dieses Verfahrens liegt darin, daß sich jeder Teilnehmer auf die Sitzung vorbereiten kann und der Projektleiter weiß, wieviel Themen besprochen werden müssen. Zur gründlichen Vorbereitung der Sitzung gehört auch die Klärung der Frage, inwieweit noch unerledigte Themen der vorangegangenen Sitzungen zu besprechen sind.

(2) Reflexion der letzten Sitzung

Neben der inhaltlichen Vorbereitung sollte der Projektleiter auch an den Gruppenprozeß denken. Auch diese Aspekte zählen zur Vorbereitung. Stellen Sie sich deshalb bei der Vorbereitung einer Sitzung die Frage: "Wie ist die letzte Sitzung gelaufen?". Mit dieser Fragestellung können Sie sich bewußt machen, inwieweit Sie mit Problemen oder Konflikten konfrontiert werden können, die in der letzten Sitzung aufgetaucht sind und nicht bearbeitet wurden. Versuchen Sie sich stets zu vergegenwärtigen, in welchem Kontext eine Sitzung stattfindet. Dazu gehört auch die Überlegung, welchen Einfluß der Verlauf einer Sitzung für weitere Sitzungen hat.

(3) Gestaltung des Umfeldes

Selbstverständlich gehört zur gründlichen Vorbereitung auch die Bereitstellung von Räumen und Material. Das Umfeld muß stimmen. Sorgen Sie dafür, daß notwendige Unterlagen und Arbeitsmittel vorhanden sind. Es ist äußerst ärgerlich, unproduktiv und für die Position eines Projektleiters nicht gerade förderlich, wenn Sie diese Fragen noch zu Beginn einer Sitzung klären müssen. Das sollte Ihnen einfach nicht passieren.

4.3.2.2 Durchführung

Sie haben die Sitzung gut vorbereitet. Alle Teilnehmer sind pünktlich erschienen. Man hat Ihre Bitte: "Wir sollten pünktlich beginnen." richtig verstanden. Die gesammelten Themen haben Sie für alle sichtbar auf eine

PIN-Wand oder einen Flipchart geschrieben. Nun gilt es, diese Themen in der zur Verfügung stehenden Zeit zu bearbeiten und Ergebnisse zu erreichen. Hierbei können Ihnen eine Reihe von Regeln und Techniken helfen, die wir nach den Einflußfaktoren unterschieden haben. Beginnen wir mit dem Einflußfaktor Thema.

4.3.2.2.1 Regeln und Hinweise zum Aspekt "Thema"

(1) Schätzen Sie den notwendigen Zeitbedarf der einzelnen Themen ein

Das sollte die erste Aufgabe sein, wenn die endgültige Themenauflistung für alle sichtbar steht. Weicht die geschätzte Zeit von der zur Verfügung stehenden Zeit ab, so müssen Sie die Diskussion von Themen zeitlich klar begrenzen. Normalerweise funktioniert das sehr gut, denn man konzentriert sich auf diese Weise auf das Wesentliche. Deutlich sichtbare Zeitgrenzen haben den Vorteil, daß Diskussionen nicht ausufern. Allerdings verlangt die Achtung der Zeitgrenzen eine souveräne, akzeptierte Gruppenführung.

(2) Setzen Sie Prioritäten

Klären Sie mit den Teilnehmern der Besprechung die Frage, welche Themen unbedingt besprochen werden müssen. Überlassen Sie die zeitliche Reihenfolge der Themen nicht dem Zufall, nicht der Konvention und auch nicht der Aktivität einzelner. Die Prioritätenbildung ist eine gemeinsame Aufgabe aller Teilnehmer, denn auf diese Weise erreichen Sie Aufmerksamkeit und Akzeptanz. Beginnen Sie eine Sitzung nach Möglichkeit nicht mit dem Punkt "zur allgemeinen Lage", weil dadurch die Gefahr der Verzettelung besteht. Falls es nicht anders geht, dann vereinbaren Sie einen festen Zeitrahmen für diesen Punkt.

(3) Das Thema muß klar sein.

Ist das Thema allen Beteiligten bekannt? Diese Frage ist für Sie von höchster Bedeutung. Immer wieder kann man bei Sitzungen feststellen, daß das Ziel und Thema der Sitzung nur unzureichend bekanntgemacht wurde. Häufig sind Themen auch so global formuliert, daß dem einzelnen

nicht klar sein kann, welche Bedeutung das Thema für ihn hat. Aufgabe des Leiters ist es, möglichst schon mit der Ankündigung, aber auch während der Sitzung sicherzustellen, daß alle Teilnehmer über die Themen und die Bedeutung des jeweiligen Themas informiert sind.
Hierbei können Ihnen folgende Hinweise helfen:

- Versuchen Sie nach Möglichkeit, das Thema in Frageform zu bringen. Ein gut formuliertes Thema ist eine zentrale Voraussetzung für die erfolgreiche Lösung. Stellen Sie sich einfach die Frage: Ist das Thema präzise und operational formuliert? "Wissenschaftliche" Themen wie "Strategische Planung von DV-Systemen -Vorgehensweise, Regeln und Rahmenbedingungen" sind nur in Ausnahmefällen hilfreich. Sie sind zu global, zu wenig auf die spezifische Situation in der Unternehmung bezogen und geben nicht an, was eigentlich verlangt wird.
- Das Thema sollte stets schriftlich fixiert werden und für alle sichtbar sein. Auf diese Weise fällt es leichter, beim Thema zu bleiben.
- Prüfen Sie, ob das Thema für den Teilnehmerkreis geeignet ist. Das ist nicht nur für die Vorbereitung wichtig, sondern es kann sich auch im Laufe der Diskussion herausstellen, daß ein Thema nicht sinnvoll von den Anwesenden bearbeitet werden kann, weil z.B. wichtige Informationen fehlen. In diesem Falle ist es in der Regel ratsam, das Thema mit einer entsprechenden Begründung abzubrechen.

Hinweise zur Themenformulierung

* Thema in Frageform
* Thema präzise und operational formulieren
* Thema aufschreiben auf Flipchart oder PIN-Wand
* Thema muß in der gegebenen Zeit bearbeitbar sein
* Thema muß für den Teilnehmerkreis geeignet sein

(4) Prüfen Sie die Akzeptanz des Themas

Eine Aufgabenstellung kann zwar verstanden worden sein, doch bedeutet das noch lange nicht, daß die Gruppe das Thema auch akzeptiert hat. Es kommt zu Widerständen in der Gruppe. Diese drücken sich sowohl verbal: "das bringt ja doch nichts" als auch nonverbal - Schweigen, Passivität - aus. Sollten Sie den Eindruck gewinnen, daß ein Thema nicht akzeptiert wird, so sprechen Sie dies an: "Ich habe den Eindruck, daß es in der Gruppe Schwierigkeiten gibt, dieses Problem zu bearbeiten. Sehen Sie das auch so?". Durch das Ansprechen der Akzeptanzprobleme haben Sie die Möglichkeit, die Ursachen der Schwierigkeiten zu erkennen und abzubauen. Häufig handelt es sich bei den Ursachen von Akzeptanzproblemen um Informationslücken: "Der Sinn des Themas ist uns nicht klar, warum besprechen wir das eigentlich?". Vielleicht haben auch Gerüchte dazu beigetragen.

(5) Achten Sie auf das Thema

Einer der häufigsten Kritikpunkte im Rahmen von Besprechungen lautet: "Wir bleiben einfach nicht beim Thema, wir kommen zu leicht vom Hölzchen aufs Stöckchen.". Hier lautet die Regel: Achten Sie auf das Thema. Es steht im Mittelpunkt einer Arbeitsgruppe. Deshalb sollte nicht nur der Projektleiter, sondern auch jedes Gruppenmitglied darauf bedacht sein, beim Thema zu bleiben. Hier hilft wiederum eine einfache Frage, wenn Sie den Eindruck haben, jemand "ist vom Hölzchen aufs Stöckchen gesprungen": "Ich verstehe momentan nicht mehr die Verbindung zu unserem Thema, sind wir noch beim Thema?"

(6) Keine Besprechung ohne Ergebnisse

Es gibt viele Möglichkeiten, die Ergebnisse einer Sitzung festzuhalten. Die klassische Form ist das Protokoll in seinen verschiedenen Ausprägungen. Eine sehr einfache und pragmatische Form zum Auflisten von Maßnahmen ist der Aktionsplan.

Aktionsplan				
wer	macht was	wie	mit wem	bis wann
PL	Info. Hauptabt.	schriftl. u. mündl.	H. Brause	30.03.
Fr. M.	Testab-schluß	PC	Mitarbeiter der Abt. X	15.04.

Dieser Aktionsplan bietet Ihnen auf einen Blick die Ergebnisse einer Besprechung und die verteilten Aufgaben. Auszufüllen sind auf jeden Fall "wer" (der Verantwortliche) "macht was" (die Aufgabe) "bis wann". Die beiden anderen Spalten sind bei Bedarf zu nutzen. Der Aktionsplan sollte das erste Thema der nächsten Sitzung sein, um zu prüfen, ob die verteilten Aufgaben auch erledigt sind. Auf diese Weise erreichen Sie nicht nur Effizienz, sondern auch die notwendige Verbindlichkeit, die ja zu Ihren Führungszielen gehört.

4.3.2.2.2 Regeln und Hinweise zum Aspekt "Individuum"

Sie können den Verlauf von Besprechungen auch durch die Einführung von Regeln beeinflussen, die sich auf die einzelne Person beziehen. Schauen wir uns einige, im Grunde sehr einfache Regeln an:

(1) Die erste Regel lautet: Sei Dein eigener Sprecher.

Diese Regel ist wohl die wichtigste für das individuelle Verhalten in der Gruppe. Was ist damit gemeint? Im Alltag erleben wir es immer wieder, daß Menschen ihre Meinung nicht klar und deutlich artikulieren, sondern sich hinter recht abstrakten Formulierungen "man könnte ja eigentlich ..." verstecken und das gar nicht mal mit taktischen Hintergedanken. Eine andere Variante von Unoffenheit besteht darin, mit der eigenen Meinung so lange hinter dem Berg zu halten, bis die anderen sich zu diesem Thema geäußert haben. Anschließend kann "man" mit der eigenen Meinung herausrücken. Wir wollen natürlich nicht einzelne Worte auf die Goldwaage legen, es kommt uns nicht auf bestimmte Formulierungen an. Es geht uns nur darum, für eine offene, partnerschaftliche, konstruktive Zusammenarbeit einzutreten. Und die wird am ehesten dadurch erreicht, indem jeder seine persönliche Meinung klar zum Ausdruck bringt. Deshalb die Regel: Sei Dein eigener Sprecher. Wenn Sie eine Meinung haben, dann brauchen Sie sich nicht hinter dem "man" zu verbergen. Letztlich erreichen Sie auf diese Weise auch am meisten Profil und Achtung.

(2) Hören Sie aktiv zu.

Darunter verstehen wir folgendes:

- Machen Sie sich klar, daß zwischen Wahrnehmung, Deutung und Bewertung ein großer Unterschied ist.
- Teilen Sie Ihren Gesprächspartnern mit, was Sie verstanden haben.
- Nehmen Sie die Meinung anderer ernst und gehen Sie auf Ihre Arbeitspartner ein. Das heißt nicht, daß Sie mit den Ansichten übereinstimmen müssen.

Wenn Sie das Thema "Aktives Zuhören" noch mehr interessiert, so lesen Sie am besten in Kapitel 5. weiter. Dort finden Sie mehr Informationen zu diesem Thema.

(3) Seitengespräche vermeiden

Wer kennt sie nicht, die Seitengespräche, ständiger Begleiter vieler Besprechungen. Da wird noch nebenbei über dieses und jenes gesprochen oder Kommentare mit dem Nachbarn über ein Problem ausgetauscht. Seitengespräche sind schlecht und das aus zwei Gründen:

- Sie stören und lenken einen Teil der Energie von der Gruppe ab. Wenn Seitengespräche Schule machen, geht viel Zeit und Kraft verloren. Das kann nicht in Ihrem Sinne sein.
- Manchmal ist gerade in den Seitengesprächen ein wichtiger Beitrag enthalten, der nicht offen auf den Tisch kommt und so auch nicht produktiv genutzt werden kann.

Was können Sie als Leiter in so einer Situation machen? Nun, Sie haben zumindest zwei Möglichkeiten:

Sie können einfach aufhören zu reden, bis das Seitengespräch beendet ist. Auf diese Weise schaffen Sie Normen. Sie können das Seitengespräch aber auch ansprechen und fragen, ob die Betreffenden eine Frage zum Thema haben. Das muß nicht schulmeisterlich sein, wenn Sie es freundlich formulieren.

(4) Lassen Sie andere ausreden,

(5) aber vermeiden Sie Monologe und bremsen Sie Dauerredner.

Es gibt Menschen, die zu Monologen neigen, sei es, daß sie sich zu kompliziert und ausschweifend ausdrücken oder jedesmal ein Grundsatzstatement abgeben müssen. Solche Dauerredner können eine Gruppe ganz schön belasten. Versuchen Sie in diesem Falle zu intervenieren. Das ist sicher manchmal leichter gesagt als getan, zumal dann, wenn der Dauerredner eine andere hierarchische Position besitzt. Hier hilft ein wenig Diplomatie weiter: "Darf ich Sie einmal unterbrechen, ich möchte zusammenfassen, was ich bisher von Ihrem Beitrag verstanden habe.". Sicher gibt es keine Patentrezepte in diesem Fall, doch mit persönlichem Mut und/oder etwas Geschicklichkeit läßt sich dieses Problem oft in den Griff bekommen.

(6) Sprechen Sie Störungen an

Jeder kennt Situationen in einer Projektsitzung, wo es nicht mehr möglich ist, sich auf das Thema zu konzentrieren: die Luft im Raum ist verbraucht, die Besprechung dauert bereits drei Stunden ohne Pause. Ein Kollege tackert dauernd mit seinem Kugelschreiber, und das macht mich nervös oder es wird ständig dazwischengeredet. All das sind Störungen, die daran hindern können, aktiv mitzuarbeiten. Sprechen Sie im Sinne Ihres eigenen Wohlbefindens und der Produktivität Störungen an. Es ist besser, diese anzusprechen als zu resignieren.

4.3.2.2.3 Regeln zum Aspekt "Gruppe"

Auch zum dritten Einflußfaktor gibt es einige Regeln, die Sie als Gruppenleiter kennen sollten, um den Verlauf einer Sitzung zu verstehen und situativ richtig zu reagieren.

(1) Die wichtigste Regel lautet: Achten Sie auf den Gruppenprozeß.

In jeder Arbeitsgruppe läuft eine Vielzahl von Prozessen ab. Menschen, die sich unsympathisch sind, müssen miteinander arbeiten. Fremde müssen sich erst einmal beschnuppern und miteinander warm werden. Unterschiedliche Meinungen führen zu Spannungen zwischen einzelnen Gruppenmitgliedern. Männer werten durch ihr Verhalten Frauen ab und Frauen fühlen sich durch Äußerungen von Männern provoziert. All das sind ganz normale Erscheinungen, die in einer Gruppe auftreten können. Man bezeichnet diese als gruppendynamischen Prozeß. Für jeden Gruppenleiter ist es sinnvoll, den gruppendynamischen Prozeß zu beachten, weil sich die Beziehungsebene auch auf die Sachebene auswirkt, positiv oder negativ.

(2) Vereinbaren Sie "Spielregeln" der Zusammenarbeit

Die Produktivität des Teams hängt entscheidend davon ab, inwieweit bestimmte Spielregeln akzeptiert und eingehalten werden. Solche Regeln betreffen z.B. die Pünktlichkeit, die Einhaltung von Terminen, die Aufgabenverteilung und den Umgang mit Konflikten. Gerade in der ersten Sitzung kann der Projektleiter viel für die Klärung von Spielregeln tun (siehe Kapitel 3).

(3) Sprechen Sie Konflikte und Spannungen an,

wenn Sie der Meinung sind, daß die Arbeit unter den unausgetragenen Konflikten leidet. Es ist in aller Regel besser, die Meinungsverschiedenheiten offen miteinander zu bereden als versteckt übereinander zu reden. Die Art und Weise der Konfliktaustragung ist ein Gütekriterium jeder Arbeitsgruppe. Es ist nicht bedenklich, wenn es Konflikte gibt, es ist aber sehr bedenklich, wenn Konflikte nicht ausgetragen werden.

Die Professionalität eines Projektleiters kommt sicherlich auch durch seine Fähigkeit zum Ausdruck, mit Konflikten umzugehen. Konfliktfähig bedeutet nicht, Konflikte um jeden Preis zu vermeiden. Es bedeutet vielmehr, Konflikte zu erkennen und anzusprechen, wenn es die Situation verlangt.

(4) Achten Sie auf die Beteiligung

Es ist sicher für Sie nicht erstrebenswert, mit einer siebenköpfigen Gruppe zu arbeiten und es beteiligen sich nur drei Projektmitarbeiter. Achten Sie auf jeden Fall auf die Beteiligung und versuchen Sie, die nicht oder weniger Beteiligten in die Diskussion mit einzubeziehen. Das können Sie durch Augenkontakt, durch persönliche Ansprache oder durch gezielte Fragen erreichen. Ist die Beteiligung trotz Ihrer Änderungsversuche zu unterschiedlich, so können Sie das Verhalten der Gruppe auch zum Thema machen: "Ich erlebe die Beteiligung im Team sehr unterschiedlich. Sehen Sie das auch so?". In diesem Falle machen Sie den Gruppenprozeß, die Arbeitsweise der Gruppe, zum Thema.

(5) Achten Sie nicht nur auf den Gruppenprozeß, sondern reden Sie auch im Team über den Gruppenprozeß. Dies bietet sich zum Ende einer Sitzung sehr gut an:
"Wie haben wir heute miteinander gearbeitet?"

Für die meisten ist es ungewöhnlich, zum Schluß einer Sitzung noch über diese Frage miteinander zu reden. Dabei ist diese Überlegung für jede Gruppe sehr wichtig, denn man kann sich mitteilen, was einem gefallen hat und was man sich für die nächsten Sitzungen anders wünscht. Wohlgemerkt, es geht bei dieser Frage nicht um die Sachergebnisse -dafür gibt es den Aktionsplan -, sondern um die Art und Weise der Zusammenarbeit. Mit einer konstruktiv-kritisch-anerkennenden Haltung des einzelnen kann bei dieser Fragestellung jede Gruppe nur lernen und sich entwickeln.

4.3.2.2.4 Hinweise zum Aspekt "Umfeld"

Wir wollen uns auf drei zentrale Hinweise beschränken:

(1) Sind die Ziele, Aufgaben, Themen mit den Verantwortlichen abgesprochen und festgelegt?

Ziele, Aufgaben, Themen müssen die Akzeptanz der Hierarchie haben. Ohne diese Akzeptanz und dem daraus abgeleiteten Auftrag an die Gruppe wird eine kontinuierliche Arbeit der Gruppe, die erforderliche Unterstützung durch andere organisatorische Einheiten und die Unterstützung bei der Durchsetzung von Lösungen kaum möglich sein. Es ist wichtig, sich der Akzeptanz aller betroffenen vorgesetzten Stellen zu versichern.

(2) Schließen Sie "Kontrakte" mit den Stellen in der Organisation, deren Unterstützung und Beteiligung Sie brauchen.

(3) Versichern Sie sich der erforderlichen Ressourcen für Ihr Team.

Mitarbeiter, Sachmittel, Budget, Zeitrahmen und Räume sind die wichtigsten Ressourcen, die von vornherein festgelegt sein müssen. Fehlt es an den erforderlichen Ressourcen, bleibt die Unzufriedenheit in der Projektgruppe sicher nicht aus.

Sie werden sicher erkennen, daß dies eher Voraussetzungen als Regeln sind. Wir haben sie der Vollständigkeit halber mit aufgeführt.

4.3.2.3 Wie sollen Gruppenarbeitsregeln eingeführt werden?

Die Einführung der Regeln ist nicht ganz unproblematisch. Je nach persönlichen Voraussetzungen werden mehr oder weniger starke Verhaltensänderungen verlangt. Und diese brauchen Zeit. Wenn Sie diese Regeln in Ihrem Team einführen wollen, dann brauchen Sie dazu ein bestimmtes Maß an Verständnis und Einfühlungsvermögen. Nichts ist unpassender für diese Regeln, als diktatorisch auf die Einhaltung zu pochen. Machen Sie es schrittweise mit einer kleinen Auswahl. Versichern Sie sich des Verständnisses und der Akzeptanz einzelner Regeln durch die Mitarbeiter. Nicht nur Sie als Projekt- oder Sitzungsleiter sollten dann auf die Einhaltung achten. Machen Sie alle mitverantwortlich, beispielsweise, indem Sie nach der Sitzung gemeinsam darüber sprechen, wie Sie heute gearbeitet haben. Der beste Weg, diese Regeln einzuführen, besteht darin, daß sich der Projektleiter selber an diese Regeln hält und durch Vorbild Impulse setzt.

4.3.3 Die Gruppenprozeßanalyse

Im Abschnitt 4.3.2. haben wir bereits erläutert, was Sie unter einem Gruppenprozeß verstehen können. Wir wollen Ihnen nun ein Instrumentarium zur Analyse des Gruppenprozesses vorstellen. Mit dessen Hilfe sind Sie in der Lage, die unterschiedlichen Facetten des Gruppenprozesses besser zu verstehen. Es kann Ihnen als ein Diagnoseinstrument für die Arbeitsweise des Teams nützlich sein. Natürlich gehört auch Ihr eigenes Verhalten zur Gruppenprozeßanalyse. Daher müssen Sie Ihr eigenes Verhalten ständig in die Überprüfung miteinbeziehen.

Sie können die Gruppenprozeßanalyse sowohl alleine machen als auch gemeinsam im Team durchführen. Sicherlich ist der zweite Weg interessanter und fruchtbarer, weil Sie auf diese Weise sehr viel mehr Meinungen bekommen, nicht zuletzt auch über Ihre eigene Rolle in der Gruppe.

Bei der Gruppenprozeßanalyse erscheinen uns die in der Übersicht auf Seiten 86/87 enthaltenen Punkte für den Projektleiter relevant.

Welche Konsequenzen können Sie aus der durchgeführten Gruppenprozeßanalyse ziehen?

Machen Sie sich zunächst einmal klar, daß bereits die Durchführung der Gruppenprozeßanalyse eine bedeutsame Intervention darstellt. Denn die Arbeitsgruppe hat die Möglichkeit, über die Art und Weise der Zusammenarbeit miteinander zu reden. Darin liegt ein wesentlicher Vorteil der gemeinsamen Aussprache. Sie ist die Grundlage für jede Veränderung der Zusammenarbeit.

Zeigt sich nun, daß bestimmte Punkte der Gruppenprozeßanalyse auf Kritik stoßen, so haben Sie als Projektleiter die Möglichkeit, Änderungen vorzuschlagen. Bei einer diagnostizierten ungleichen Beteiligung z.B. sollten Sie die Frage stellen, worauf diese zurückzuführen ist. Es kann sich dabei um Informationsprobleme handeln oder um mangelnde Motivation einzelner, in diesem Projekt mitzuarbeiten, weil sie vom Vorgesetzten "delegiert" wurden. In diesem Falle haben Sie die Möglichkeit, mit den Betroffenen darüber zu sprechen, die Sichtweise der Teammitarbeiter zu hören und Ihre Meinung zu äußern.

Gruppenprozeßanalyse

negativ	Kriterium	positiv
	Ziele	
unklar, widersprüchlich, wenig Interesse, gleichgültig.	1 2 3 4 5 6 7	klar und einsichtig für alle. Jeder fühlt sich angesprochen und engagiert sich.
	Arbeitsdisziplin	
schlechte Vorbereitung, man hält sich nicht an getroffene Termine, wieder mal unpünktlicher Beginn	1 2 3 4 5 6 7	Jeder ist gut vorbereitet. Gestellte Aufgaben sind erledigt, jeder hat das Protokoll der letzten Sitzung gelesen und sich Fragen notiert. Die Gruppe begann pünktlich.
	Beteiligung	
einzelne dominieren, andere sind passiv. Man hört nicht zu, redet gleichzeitig, unterbricht sich.	1 2 3 4 5 6 7	alle einbezogen, gutes Zuhören und interessiertes Nachfragen.
	Führung	
entspricht nicht den Gruppenbedürfnissen, Gruppe ist zu sehr von einzelnen oder einigen Werten abhängig.	1 2 3 4 5 6 7	Führung wird den Gruppenbedürfnissen entsprechend wahrgenommen. Es beteiligen sich je nach Bedarf auch mehrere an der Führung.
	Entscheidungen	
Entscheidungen werden nicht getroffen oder verzögert, Einzelne treffen die Entscheidung, andere nicht einbezogen.	1 2 3 4 5 6 7	man sucht gemeinsam einen Entscheid, anders lautende Meinungen sind geschätzt und werden benützt zur Verbesserung der Entscheidungen. Getroffene Entscheidungen werden voll getragen.

negativ	Kriterium	positiv
	Vertrauen	
Gruppenmitglieder sind misstrauisch, höflich, sorgfältig abwägend, verschlossen, auf der Hut. Oberflächliches Zuhören bei gleichzeitigem Nachdenken über Gegenargumente. Man kritisiert nicht, um nicht kritisiert zu werden.	1 2 3 4 5 6 7	Gruppenmitglieder vertrauen sich, angemessener Grad an Offenheit, gegenseitiger Respekt, offene Aussprache von Kritik und negativen Gefühlen, angstfreie Atmosphäre.
	Kommunikationsstil	
man unterbricht sich, man geht nicht aufeinander ein, Seitengespräche sind üblich, vieles läuft "unter dem Tisch", die Meinung des anderen wird erst mal abgewertet.	1 2 3 4 5 6 7	jeder versucht auf den anderen einzugehen, es wird aktiv zugehört, Seitengespräche vermieden, jeder hat die Möglichkeit, sich zu äußern.
	Gefühle	
eher unterdrückt, ignoriert oder kritisiert.	1 2 3 4 5 6 7	offen ausgesprochen, angemessene Reaktionen darauf.
	Umgang mit Gruppenproblemen	
man gibt gleich Ratschläge zur Abhilfe, behandelt Symptome statt Ursachen.	1 2 3 4 5 6 7	bei Problemen wird die Situation sorgfältig diagnostiziert, ehe Maßnahmen getroffen werden.
	Wachstum und Kreativität	
Es bestehen stereotype Verhaltensweisen, starre Rollen-Routine und wenig Fortschritt.	1 2 3 4 5 6 7	Gruppe ist flexibel, sucht nach neuen und besseren Wegen, Gruppe nützt Fähigkeiten optimal aus.
	Energie der Gruppe	
Die Arbeit verläuft zäh, es ist mühselig, in dieser Gruppe zu arbeiten, es herrscht wenig Motivation, Spaß macht es so nicht	1 2 3 4 5 6 7	Die Gruppe ist voll dabei, es macht Spaß zu arbeiten, es besteht ein hohes Engagement, es passiert was, es geht weiter.

4.4 Zusammenfassung, Hinweise, Checklisten

1. Es gehört zu den Führungsaufgaben des Projektleiters, die Projektgruppe so zu leiten, daß

   - die Gruppe produktiv arbeitet und die Ziele im vorgegebenen Zeitraum erreicht werden,
   - die Mitarbeiter der Projektgruppe motiviert sind, mitzuarbeiten.

2. Im Grunde lassen sich alle im Projektteam auftretenden Probleme vier Einflußfaktoren zuordnen:

   a) Die Projektarbeit wird durch das Projektziel und die damit verbundenen Aufgabenstellungen beeinflußt.

   b) Die Arbeit der Gruppe wird durch die Einstellung, das Verhalten, die fachliche Qualifikation und das methodische know-how des einzelnen Gruppenmitgliedes positiv oder negativ beeinflußt.

   c) Der gruppendynamische Prozeß - die in der Gruppe herrschenden Beziehungsmuster und Umgangsformen - ist der dritte Einflußfaktor. Das Gruppenklima wirkt sich auf die Arbeitsleistung der Gruppe und auf die Einstellung der einzelnen Mitglieder zur Gruppe aus.

   d) Die Projektgruppenarbeit wird auch durch das Umfeld, in dem die Gruppe arbeitet, beeinflußt.

3. Die Gruppenarbeitsregeln auf einen Blick

Einflußfaktor	Vorbereitung	Durchführung
Thema	- Themen systematisch sammeln - Sind noch Themen aus der letzten Sitzung zu besprechen?	- Schätzen Sie den notwendigen Zeitbedarf der einzelnen Themen ein - Setzen Sie Prioritäten - Das Thema muß klar sein - Prüfen Sie die Akzeptanz des Themas - Achten Sie auf das Thema - Keine Besprechung ohne Ergebnisse festzuhalten
Individuum		- Sei Dein eigener Sprecher - Hören Sie aktiv zu - Seitengespräche vermeiden - Lassen Sie andere ausreden - Monologe vermeiden - Dauerredner bremsen - Störungen ansprechen
Gruppe	Versuchen Sie sich stets zu vergegenwärtigen, in welchem Kontext eine Sitzung stattfindet. Stellen Sie sich deshalb bei der Vorbereitung einer Sitzung die Frage: "Wie ist die letzte Sitzung gelaufen?"	- Achten Sie auf den Gruppenprozeß - Vereinbaren Sie "Spielregeln" der Zusammenarbeit - Konflikte und Spannungen ansprechen: Nicht übereinander reden, sondern miteinander - Achten Sie auf die Beteiligung - Achten Sie nicht nur auf den Gruppenprozeß, sondern reden Sie auch im Team über den Gruppenprozeß. Z.B. zum Ende einer Sitzung: "Wie haben wir heute miteinander gearbeitet?"
Umfeld	Das Umfeld muß stimmen - Sind die Ziele, Aufgaben, Themen mit den Verantwortlichen abgesprochen und festgelegt? - Schließen Sie "Kontrakte" mit den Stellen in der Organisation, deren Unterstützung Sie brauchen. - Versichern Sie sich der erforderlichen Ressourcen. - Vorbereitung und Bereitstellung von Räumen und Material.	

4. Themen systematisch sammeln

Nach Möglichkeit sollten die Themen einer Sitzung vorher gesammelt und bekanntgemacht werden. In der Praxis hat sich das Schema auf Seite 74 gut bewährt.

5. Hinweise zur Themenformulierung

- Thema in Frageform
- Thema präzise und operational formulieren
- Thema aufschreiben auf Flipchart oder PIN-Wand
- Thema muß in der gegebenen Zeit bearbeitbar sein
- Thema muß für den Teilnehmerkreis geeignet sein

6. Arbeiten Sie mit dem Aktionsplan.

Eine sehr einfache und pragmatische Form zum Auflisten von Maßnahmen ist der Aktionsplan auf Seite 79.

7. Wie sollten Gruppenarbeitsregeln eingeführt werden?

Machen Sie es schrittweise mit einer kleinen Auswahl. Versichern Sie sich des Verständnisses und der Akzeptanz durch die Mitarbeiter.

Der beste Weg, diese Regeln einzuführen, besteht darin, daß sich der Projektleiter selber an diese Regeln hält und durch Vorbild Impulse setzt.

8. Für das Verständnis von Sitzungsabläufen ist von Bedeutung, daß die zu diskutierenden Themen erheblichen Einfluß auf den Gruppenprozeß und auf die einzelne Person haben können. Die

Sachebene beeinflußt die Beziehungsebene. Zum Verständnis des Verhaltens in einer Arbeitsgruppe ist deshalb folgende Frage für Sie wichtig: Welchen Einfluß hat das Thema auf den einzelnen und die Gruppe?

9. Die Gruppenprozeßanalyse spielt für die Führung der Gruppe eine besondere Rolle. Denn gerade in schwierigen Situationen können Sie erst durch das Hinterfragen und Reflektieren der Arbeitsweise der Gruppe und der abgelaufenen Gruppenprozesse Veränderungen erreichen. Bei der Gruppenprozeßanalyse erscheinen uns die in der Übersicht auf Seiten 86/87 enthaltenen Punkte relevant.

5 Partnerschaftliche Gesprächsführung - ein Schlüssel zur erfolgreichen Projektarbeit

5.1 Ziele des fünften Kapitels

Bei der Analyse von Problemen in Projekten stoßen wir häufig auf die Ursache 'Kommunikationsschwierigkeiten'. Typisch sind folgende Aussagen: "Das habe ich ganz anders verstanden", "die DV-Spezialisten drücken sich unverständlich aus", "über die unangenehmen, aber sehr wichtigen Themen reden wir nicht miteinander". Es ist allgemein bekannt und akzeptiert:

"Kommunikation ist der Flaschenhals der Projektarbeit."

Gerade für Projektarbeit spielt die Kommunikation eine entscheidende Rolle, denn der Projektleiter hat doch in der Regel nicht die anderen Einflußmöglichkeiten wie ein Bereichs- oder ein Abteilungsleiter. Er kann selten durch formale Macht Entscheidungen durchsetzen, sondern er ist besonders angewiesen auf intensive Kommunikation, um zu überzeugen.

Wer miteinander arbeiten will, muß miteinander reden, wer gut miteinander arbeiten will, muß gut miteinander reden! Daraus wird die Bedeutung der Gesprächsführung ersichtlich:

- Der Projektleiter braucht Informationen. Er muß die Vorstellungen, die Sichtweisen und Probleme des Fachbereiches bzw. der Projektmitarbeiter ermitteln.
- Führungskräfte eines Fachbereiches möchten vom Projektleiter über die organisatorischen und technischen Möglichkeiten beraten werden.
- Der Projektleiter hat beispielsweise die Aufgabe, die erreichten Schritte, den Stand des Projektes klar und verständlich seinen Zuhörern zu vermitteln.

- Es kann in schwierigen Situationen sehr wichtig sein, die unterschiedlichen Sichtweisen im Projektteam zu erkennen, anzusprechen, zu klären und möglicherweise zwischen den Gruppierungen zu vermitteln.

Ziele dieses Kapitels:

- Wir beschreiben die Kommunikationsprobleme, die in der Projektarbeit auftreten können.
- Sie lernen die Grundregeln der partnerschaftlichen Gesprächsführung kennen.
- Sie finden Hinweise, Techniken und Regeln zur Gesprächsführung, u.a. zum aktiven Zuhören, zum Einfühlungsvermögen und zum Thema Verständlichkeit.

5.2 Die Praxisprobleme

Betrachten wir uns die Kommunikationsprobleme, die sowohl von Fachbereichsseite als auch von Projektleitern genannt werden:

- Die Mitarbeiter der Auftragsabwicklung kritisieren das Verhalten des Projektleiters: "Er kann seine Ideen einfach nicht vermitteln, manchmal hat man den Eindruck, der kommt direkt von der Universität und kennt unsere Praxis nicht."
- Ein Projektleiter beklagt die unsachlich vorgetragenen Einwände des Abteilungsleiters. "Der hält Monologe und lacht am lautesten über seinen eigenen Blödsinn. Ich höre da nicht mehr zu."
- Ein Mitarbeiter aus dem Projektteam bemerkt treffend zum Jargon: "Wir sollten noch viel mehr Abkürzungen benutzen, dann dauern unsere Besprechungen noch länger."
- Auf Fragen oder Vorschläge kommt aus der Arbeitsgruppe fast keine Resonanz. Die Beteiligung an der Sitzung konvergiert gegen null.
- Ein Projektleiter verhält sich in Gesprächen paradox: Er stellt Fragen, um eine Meinung zu erhalten. Doch hört er gar nicht erst zu, sondern beantwortet sich seine Frage unmittelbar selbst.

- Die Präsentation von Projektergebnissen im Fachbereich war ein Schlag ins Wasser. Man hatte den Eindruck, daß sich der Projektleiter aus dem ORG/DV-Bereich nicht richtig vorbereitet hatte und sich deshalb hinter Fachausdrücken versteckte. Ein Teilnehmer aus der Fachabteilung: "Das ist typisch, die mit ihrem EDV-Chinesisch."
- Die Ausführungen des Projektleiters werden von einem Abteilungsleiter, der ab und zu (und dann auch nur vorübergehend) an den Sitzungen der Projektgruppe teilnimmt, immer wieder unterbrochen, indem er ihm einfach ins Wort fällt.
- Ein Projektleiter ist unsicher, ob seine Vorschläge richtig verstanden werden, denn er bekommt keine entsprechende Resonanz.

Viele Kommunikationsprobleme lassen sich durch die Beachtung von Spielregeln in den Griff bekommen.

5.3. Partnerschaftliche Gesprächsführung

5.3.1 Grundlagen der partnerschaftlichen Gesprächsführung

Nehmen wir den Grundgedanken der Projektarbeit - Menschen aus den unterschiedlichen Bereichen des Unternehmens arbeiten gemeinsam mit ihrem know-how an einer mehr oder weniger komplexen Aufgabenstellung - ernst, so setzt dies faire, partnerschaftliche Umgangsformen voraus. Wo zeigen sich diese Umgangsformen klarer als in Gesprächen?

Gesprächsführung ist Ausdruck der Persönlichkeit: "Zeige mir, wie Du redest - und ich sage Dir, wer Du bist!"
Unsere persönliche Einstellung, unser Menschenbild und unsere persönliche Sicherheit beeinflussen die Art und Weise unserer Gesprächsverhaltens:

- Können Sie richtig zuhören, sind Sie bereit, die Argumente und Sichtweisen der anderen auf- und ernstzunehmen?
- Stellen Sie Fragen, um eine Antwort zu bekommen oder beantworten Sie sich Ihre Fragen selbst?

- Sind Sie an einem offenen Dialog interessiert oder versuchen Sie eher, die Gesprächspartner auszutricksen?
- Sind Sie in der Lage, Konflikte auszutragen oder neigen Sie dazu, heikle Themen "unter den Teppich zu kehren?"

Die Beantwortung dieser Fragen in der Realität des alltäglichen Geschäftes ist im wesentlichen Maße von unserem Selbstwertgefühl abhängig.

Zu einer partnerschaftlichen Gesprächsführung benötigen Sie eine bestimmte Grundeinstellung. Damit meinen wir Einstellungen und Verhaltensweisen, denen ein positives Menschenbild zugrunde liegt. Dieses Basisverhalten können wir in drei Kernpunkten zusammenfassen:

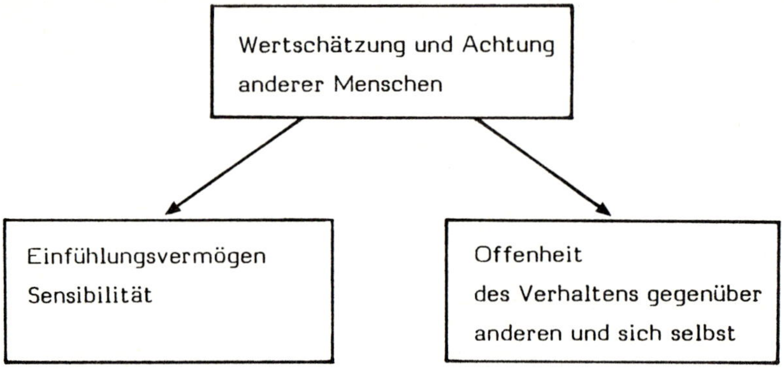

5.3.1.1 Wertschätzung und Achtung des Menschen

Wertschätzung und Akzeptanz sind die Grundlagen jeder partnerschaftlichen Beziehung. Dies gilt, gleichgültig, ob es sich um einen älteren Sachbearbeiter, einen Vorstand, einen Kollegen aus dem Rechenzentrum, einen Mann oder eine Frau, einen Deutschen oder einen Ausländer handelt.

Ist doch völlig klar, was wir da schreiben! Oder?

Betrachten wir uns ein wenig die betriebliche Alltagssprache:

- "Die Hanseln haben doch keine Ahnung."
- "Was interessieren mich deren Zukunftsängste, das ist für mich höchstens ein Störfaktor im Projekt."

- "Das Problem besteht darin, daß ich nicht das geeignete Material im Projektteam habe." (Gemeint sind Menschen.)
- "Die brauchen nicht informiert zu werden, das sind doch nur 'einfache' Mitarbeiter." (Das Gegenteil sind 'komplizierte'.)
- "Was interessieren mich die Kompetenzprobleme des Projektleiters. Der hat das zu tun, was man hier von ihm erwartet. Der hat die Rübe hinzuhalten."

Wertschätzung und Akzeptanz bedeuten, einen anderen Menschen achten und ernstnehmen. Inwieweit dies jemandem gelingt, ist abhängig von seinem Selbstwertgefühl. "Ich bin o.k. - Du bist o.k."[1)] ist Ausdruck einer solchen Haltung und bedeutet im Grunde doch nichts anderes als die Aussage: Nur wenn ich mich selbst akzeptieren und achten kann, dann kann ich auch andere akzeptieren und achten.[2)]

Die Gesprächspartner ständig unterbrechen, den vorgetragenen Meinungen gar nicht erst zuhören, andere ständig interpretieren wollen ("Ich sage Ihnen mal, was Sie wirklich sagen wollen") oder Aussagen von der Art "So dürfen Sie nicht denken", "wenn das jeder tun würde...", solche Kommunikationsblockaden sind Ausdruck mangelnder Wertschätzung.

5.3.1.2 Offenheit des Verhaltens

Zum Basisverhalten der partnerschaftlichen Gesprächsführung gehört auch die Offenheit des Verhaltens. Wir wissen sehr gut, daß wir damit ein heikles Thema ansprechen. Immer wieder tauchen in Gesprächen mit Mitarbeitern aus den unterschiedlichsten Unternehmen die gleichen Fragen und Zweifel auf:

- Ist es nicht gefährlich, Offenheit zu zeigen?
- Offenes Verhalten ist bei uns einfach undenkbar, dann kann ich direkt meine Sachen packen.

---

1) Harris/1975

2) siehe auch Fromm/1979

- Wie weit kann ich mit meiner Offenheit gehen?
- Kann Offenheit nicht auch sehr verletzend sein?
- Ich habe einige Ansätze gemacht, offen über die Probleme mit dem Fachbereich zu reden. Anschließend kam der Bumerang über meinen Vorgesetzten zurück.

Nun, diese Einwände und Fragen sind nicht nur gerechtfertigt, sondern auch bitter, denn wird nicht auf diese Weise deutlich, mit welchen persönlichen Restriktionen mancher arbeiten muß. Hier stellt sich doch ganz einfach auch die Frage, wieviel Reibungsverluste innerhalb des Unternehmens durch Unoffenheit und Taktieren entstehen. Die Fähigkeit, auftauchende Konflikte offen und fair miteinander zu besprechen und zu lösen, ist ein Qualitätskriterium der Zusammenarbeit.

Wir geben auf die Zweifel und Fragen im Grunde stets die gleichen Antworten:

- Offenes Verhalten fördert sowohl die menschlichen Beziehungen als auch die Produktivität. Auf der Grundlage einer vertrauensvollen Zusammenarbeit macht das Arbeiten nicht nur mehr Spaß, sondern es werden auch effiziente Lösungen erarbeitet.
- Offenheit bedeutet nicht, daß man stets das sagen sollte, was man gerade denkt, denn auf diese Weise können überflüssige Verärgerungen oder gar persönliche Verletzungen entstehen.
- Der einzelne muß wissen, wie offen er sich seinen Kollegen, Vorgesetzten und Mitarbeitern gegenüber zeigen möchte. Jeder kann nur persönlich die Risiken und Grenzen einschätzen und bestimmen.
- Zu wenig Offenheit schafft Mißtrauen und führt zur gegenseitigen Isolation, in der Regel verbunden mit Phantasien, die man sich übereinander macht: "Ich denke, er denkt, daß ich denke ..."
- In manchen Fällen wird ungeprüft davon ausgegangen, daß man nicht offen sein darf. Die Aussage "bei uns ist Offenheit gefährlich" erweist sich in der Praxis zum Teil als Mythos, der den neuen Kollegen bewußt oder unbewußt vermittelt wird. Es lohnt sich

immer wieder, dieses Gebot einer Realitätsprüfung zu unterziehen, indem ich über meine Probleme rede.

- Ein Lösungsweg besteht auch darin, die bestehende Unoffenheit zu thematisieren, über bestehende Barrieren miteinander zu sprechen, um diese abzubauen. Manchmal geht das nicht ohne externe, neutrale Hilfe.

Wir wollen unter Offenheit im Rahmen der partnerschaftlichen Gesprächsführung zweierlei verstehen:

(1) die Offenheit anderen gegenüber

(2) die Offenheit sich selbst gegenüber

Für eine partnerschaftliche Gesprächsführung ist es hilfreich, wenn ich nicht etwas vorgebe, was nicht da ist. Carl Rogers drückt das so aus: "In meinen Beziehungen zu Menschen habe ich herausgefunden, daß es auf lange Sicht nicht hilft, so zu tun, als wäre ich jemand, der ich nicht bin."[1] Gemeint ist also mit Offenheit eine Echtheit des Verhaltens, das Verhalten ist dann stimmig. Fühle ich mich in einem Gespräch unwohl, ist es wenig hilfreich, so zu tun, als sei ich mit dem Gespräch zufrieden.

(1) Offenheit gegenüber anderen

Ein schönes Beispiel für die Chancen, die im offenen Verhalten liegen, fanden wir in einem Chemie-Unternehmen. Dort wurden die Projektverantwortlichen aus dem ORG/DV-Bereich von den Führungskräften des Vertriebes in destruktiver Weise wiederholt kritisiert: "Die Systeme sind völlig nutzlos, da kann kein vernünftiger Mensch mit arbeiten, wir werden uns bei der Geschäftsführung über solche "Stümper" beschweren". Allerdings wurde dabei verschwiegen, daß der Vertriebsbereich "wegen Arbeitsüberlastung und unserer anderen Aufgabenstellung" kaum bereit war, an dem Projekt mitzuarbeiten. Der Projektleiter mußte nach seinen eigenen Worten "fast dankbar sein", wenn er die notwendigen Informationen vom Vertrieb bekam. Dieses Spiel hatte bereits dazu geführt, daß ein Projektleiter die Firma verließ. Zur Lösung

---

1) Rogers/1973/S. 32

des Problems wurde auf Wunsch des ORG/DV-Leiters ein Workshop veranstaltet, damit die Projektverantwortlichen aus dem ORG/DV-Bereich und aus dem Vertriebsbereich gemeinsam offen ihre Sichtweisen und Probleme darstellen konnten. Zum ersten Mal - sicher zu spät - hörten die Vertriebsverantwortlichen in aller Deutlichkeit die sachlichen und persönlichen Probleme ihrer Kollegen aus dem ORG/DV-Bereich. Durch die offene Kommunikation konnte der Konflikt bereinigt und eine bessere Form der Zusammenarbeit gefunden werden.

Offenes Verhalten ist sinnvoll, sowohl für einzelne Personen als auch für Organisationen. Einmal entspricht es dem Bedürfnis nach Nähe und Kontakt, und zum anderen ist es letztlich auch produktivitätsfördernd, weil Meinungsverschiedenheiten "auf dem Tisch" ausgetragen werden und die betrieblichen Versteckspiele unterbleiben, die sehr viel Geld und Nerven kosten.

(2) Offenheit sich selbst gegenüber

Zum offenen Verhalten gehört nicht nur Offenheit nach außen, sondern auch nach innen. Es bedeutet auch, sich selbst gegenüber offen zu sein, das eigene Verhalten mit seinen Stärken und Schwächen zu reflektieren, eigene Gefühle und Wünsche zu erkennen und zu achten. Das fällt bestimmt nicht immer leicht, gerade, wenn es sich um persönliche Schwächen handelt, die mit Ängsten verbunden sind. Viele Menschen leben ja nach der Devise: "Man sollte keine Schwächen haben". Gerade diese Einstellung erweist sich bei persönlichen Veränderungen als großer Hemmschuh, weil dann persönliche Schwächen tabuisiert werden. Das Gesprächsverhalten sollte immer wieder mal von Ihnen reflektiert werden:

- Habe ich richtig zugehört?
- Waren meine Erläuterungen klar und verständlich?
- Habe ich das gesagt, was ich mir vorgenommen hatte zu sagen?

Im letzten Abschnitt dieses Kapitels finden Sie eine Checkliste zur Überprüfung Ihres Gesprächsverhaltens. Damit sinnvoll zu arbeiten, verlangt Offenheit sich selbst gegenüber und das kann auch weh tun. Partnerschaftliche Gesprächsführung, die Wertschätzung,

Einfühlungsvermögen und Offenheit gegenüber sich selbst und anderen voraussetzt, enthält Risiken: "Wir bieten uns so dar, wie wir wirklich sind, und wir nehmen die Möglichkeit in Kauf, anders zu werden."[1] Das verlangt Sicherheit und Mut.

5.3.1.3 Einfühlungsvermögen - die Botschaft wahrnehmen

Sensibilität und zutreffende Einschätzung von Verhaltensweisen meiner Gesprächspartner ist eine wesentliche Grundlage der Kommunikation. Die Einschätzung von Situationen und daraus folgenden Reaktionen hängt davon ab, was Sie von anderen im Gespräch "mitbekommen". Einwände oder andere Meinungen werden leider von den Betroffenen nicht immer klar artikuliert, manchmal kommen sie sehr verstümmelt "durch die Blume" zum Ausdruck.

Gerade im Umgang mit Widerstand spielt das Einfühlungsvermögen eine große Rolle. Häufig wird von Mitarbeitern aus den Fachbereichen der allzu sachliche Umgangston von DV-Mitarbeitern kritisiert: "Wir haben den Eindruck, daß er (der Projektleiter) unsere Ängste und Fragen gar nicht versteht, der denkt wie ein Computer". Bei Projekten können erhebliche Probleme auftreten, wenn die Befürchtungen nicht erkannt und abgebaut werden.

Wo liegen die Schwierigkeiten bei der Wahrnehmung und Einschätzung anderer Menschen? Die objektive Wahrnehmung gibt es bekanntlich nicht, Beobachtungen und Einschätzungen sind stets subjektiver Natur. Wahrnehmungsfehler beeinflussen das Bild, das wir uns von anderen machen. Dennoch bestehen gute Möglichkeiten, Beobachtungsfehler und Fehleinschätzungen zu verkleinern, indem wir uns die Wahrnehmungsfehler genauer anschauen:

- Unser Selbstkonzept bestimmt unsere Wahrnehmung. Jeder nimmt seine Mitmenschen durch die eigene Brille wahr. Unter dem Selbstkonzept versteht man in der Psychologie das Bild, das der Mensch von sich selbst hat, wie er sich sieht und bewertet. Ein

---

1) Gordon/1979/S. 257

Projektleiter, der sich im Grunde selbst unsicher erlebt und meint, er müsse die Unsicherheit damit bekämpfen, daß er alles unter Kontrolle hat, wird dazu neigen, kritische Fragen über seine Projektarbeit als Abwertung oder als Bedrohung zu interpretieren.

- Projektionen als Quelle von Beobachtungsfehlern

  Es ist bekannt, daß Menschen dazu neigen, anderen Verhaltensweisen und Eigenschaften vorzuwerfen, die sie selber haben, aber nicht bei sich selbst wahrnehmen. Wie ein Projektionsapparat projizieren sie ihre Probleme auf ihre Mitmenschen. Ein Projektleiter reagiert auf kritische Zwischenfragen schnell ungehalten und schießt dann "scharf zurück". In einem persönlichen Gespräch bewertet er die Frager als "Querulanten": "Die ständige Fragerei ist einfach unhöflich, das schickt sich nicht". Offenbar überträgt er seine eigene Unsicherheit auf andere.

- Die "eigene Persönlichkeitstheorie" beeinflußt unsere Wahrnehmung.

  Wohl jeder Mensch besitzt so etwas wie eine eigene "Persönlichkeitstheorie", mehr oder minder fundiert. Für Herrn A ist es völlig klar, daß distanzierte Persönlichkeiten etwas zu verbergen haben und Frauen, die eine berufliche Karriere anstreben, frigide sind. Das Problem bei diesen Annahmen besteht darin, daß sie häufig ungeprüft übernommen und verwendet werden. Es wird das beobachtet, was der eigenen Persönlichkeitstheorie entspricht, und Beobachtungen werden so umgedeutet, daß sie in die Raster passen.

- Stereotypen und Vorurteile verzerren die Wahrnehmung

  Eine immer wieder festzustellende Ursache für verzerrte Einschätzungen liegt in der Neigung mancher Menschen begründet, andere zu kategorisieren. Jemand bekommt ein bestimmtes Etikett, das mit entsprechenden Erwartungen versehen wird. Typisch für diese Aussagen ist, daß sie oft mit dem Wort typisch beginnen.

  Wir wollen einige Beispiele aus der Praxis nennen:
  "Die DV-Leute verstehen nichts von der Praxis, für die ist EDV Selbstzweck und Spielzeug."

"Mit Vertriebsleuten kann man keine DV-Projekte machen, die können das nicht verstehen."

In einem großen Konzern fanden wir folgenden Disput innerhalb des DV-Bereiches:
"Die Praktiker (gemeint sind Projektleiter, die seit vielen Jahren mit Datenverarbeitung arbeiten) haben doch von wirklicher DV keine Ahnung. Was die machen, ist doch von vorgestern." Die "Praktiker" sagen: "Die Informatiker sind alles Theoretiker, die an der Uni keinen Job mehr bekommen haben."

- Fehleinschätzungen durch **Überstrahlungseffekt** (Halo-Effekt)

Der Mond strahlt manchmal so hell, daß er größer wirkt, als er in Wirklichkeit ist. Im Englischen bezeichnet man dieses Phänomen mit dem Begriff "halo". Ähnlich kann es sich bei Menschen verhalten. Beim Überstrahlungseffekt besteht die Gefahr, daß von einem hervorstehenden Merkmal auf weitere Merkmale geschlossen wird, auch wenn diese nicht vorhanden sind.
Dieser Überstrahlungseffekt kann bei der Präsentation von Projektergebnissen eine wesentliche Rolle spielen. Wenn beispielsweise ein inhaltlich gutes Ergebnis schlecht verkauft wird, besteht leider die Gefahr, daß damit auch das Ergebnis in Frage gestellt wird. Ein Projektverantwortlicher beschreibt das aus seinem Unternehmen so: "In letzter Zeit legt man im Vorstand den größten Wert auf die Verpackung, Form schlägt Inhalt manchmal 5 zu 1."

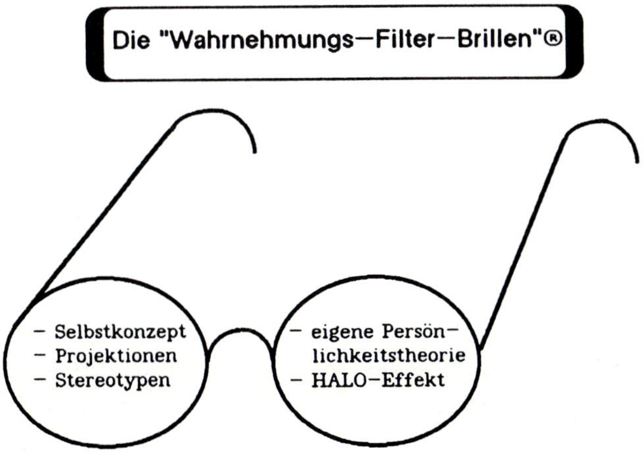

Wir wollen uns nun mit der Frage beschäftigen, warum es manchmal schwierig ist zu verstehen, was der Gesprächspartner uns mitteilt. Es passiert ja immer wieder: Aussagen werden falsch verstanden, in einen Satz wird etwas hineininterpretiert, was gar nicht gemeint war, die eigentliche Botschaft wird nicht gehört. Das nun folgende Modell[1)] soll Ihnen helfen, die Aussagen anderer Personen besser zu verstehen und Fehlinterpretationen zu vermeiden. Ihre Wahrnehmung und Ihr Verständnis für Gesprächssituationen können Sie auf diese Weise steigern.

Beginnen wir mit einer alltäglichen Situation. Ihr Vorgesetzter kommt an Ihren Schreibtisch und sagt zu Ihnen: "Der Hauptbereichsleiter hat angerufen und wartet auf Ihren Bescheid!"
Betrachtet man diese Nachricht genauer, so kann man verschiedene Botschaften, die der Vorgesetzte mitteilen könnte, daraus ablesen:

1. Da ist zunächst der Sachinhalt der Nachricht. Der Vorgesetzte informiert Sie, daß der Hauptbereichsleiter angerufen hat und auf den Bescheid wartet. Der Sachaspekt einer Nachricht ist der Teil, worüber jemand inhaltlich informiert wird.

2. Durch die Art und Weise der Formulierung oder durch die Betonung kann der Vorgesetzte zum Ausdruck bringen, was er von Ihnen hält. In diesem Fall liegt die eigentliche Botschaft nicht in der sachlichen Information, sondern auf der Beziehungsebene. Die Botschaft in diesem Beispiel könnte demnach lauten: "Immer muß ich Sie antreiben!"

3. Mit seiner Aussage teilt er auch etwas über sich selbst mit, z.B. daß er ärgerlich ist oder unruhig oder gelassen, je nachdem, wie er seine Nachricht zum Ausdruck bringt. In jeder Nachricht ist auch Selbstoffenbarung des Senders enthalten. Jede Aussage über einen anderen ist stets auch eine Aussage über sich selbst.

---

1) (Zu einer genauen Betrachtung des Modells empfiehlt sich das Buch "Miteinander reden: Störungen und Klärungen" von F. Schulz von Thun)

4. Die vierte Möglichkeit, die Nachricht zu verstehen, ist der Appell. Die Nachricht, daß der Hauptbereichsleiter angerufen hat und auf den Bescheid wartet, kann dem Vorgesetzten dazu dienen, Ihnen mitzuteilen: "Beeilen Sie sich gefälligst!".

Das Kommunikations–Viereck

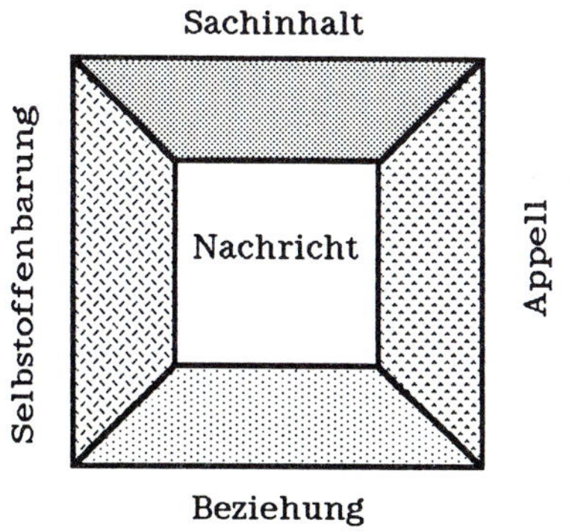

Die Abbildung verdeutlicht, daß Sie ein Gespräch von vier Seiten her beleuchten können. Ein und dieselbe Nachricht kann verschiedene Botschaften enthalten. Für Ihr Einfühlungsvermögen ist folgende Frage von großer Bedeutung:

Was ist die Botschaft bzw. die Botschaften meines Gesprächspartners, was möchte er eigentlich mitteilen? Wir möchten die Bedeutung dieser Frage für Sie als Projektleiter besonders betonen, weil in der Arbeitswelt häufig zu einseitig mit dem "Sachohr" empfangen wird. Auf diese Weise bleiben die verdeckt geäußerten Befürchtungen und Ängste von Mitarbeitern im Rahmen von Veränderungsprozessen "unter dem Teppich" und erscheinen dann als Widerstände in anderer Form.
Um die Botschaft einer Nachricht zu verstehen, sollten Sie auf folgende Punkte achten:

- Durch die Körpersprache kann eine Botschaft zum Ausdruck gebracht werden. Deshalb ist es sinnvoll, auch auf die nonverbale Kommunikation - z.B. auf die Mimik und Gestik - zu achten. Von Bedeutung sind in diesem Zusammenhang Diskrepanzen zwischen dem, was gesagt wird, und dem, was zum Ausdruck kommt.

Inwieweit ist eine Aussage stimmig?

- Achten Sie auch auf den Tonfall; denn natürlich werden Nachrichten auch dadurch qualifiziert.

- Häufig wird erst durch den Kontext, in dem eine Aussage getroffen wird, die Botschaft verständlich. Deshalb ist es ratsam, darauf zu achten, in welchem Zusammenhang eine Aussage gemacht wird. Während einer äußerst langweiligen, durch Monologe bestimmten Sitzung sagt ein Teilnehmer zu einem anderen: "Ich finde es gut, daß hier jeder zu Wort kommt, und daß gesagt wird, was jeder dazu denkt."

5.3.2 Techniken der Gesprächsführung - Hinweise und Regeln

Nachdem wir nun die Grundlagen der partnerschaftlichen Gesprächsführung dargestellt haben, können wir uns den Techniken und Regeln zuwenden. Sie werden u.a. Hinweise zum Zuhören, zum Fragen und zur Verständlichkeit bekommen. Doch lassen Sie uns mit zwei grundsätzlichen Aussagen zur Gesprächstechnik beginnen:

- Es ist sinnvoll und hilfreich, Techniken der Gesprächsführung zu beherrschen. Doch müssen sie in der Persönlichkeit verwurzelt sein - wir nennen das Basisverhalten. Sonst wirken sie aufgesetzt, unecht, im negativen Sinne antrainiert.

Basisverhalten und Regeln zur partnerschaftlichen Gesprächsführung

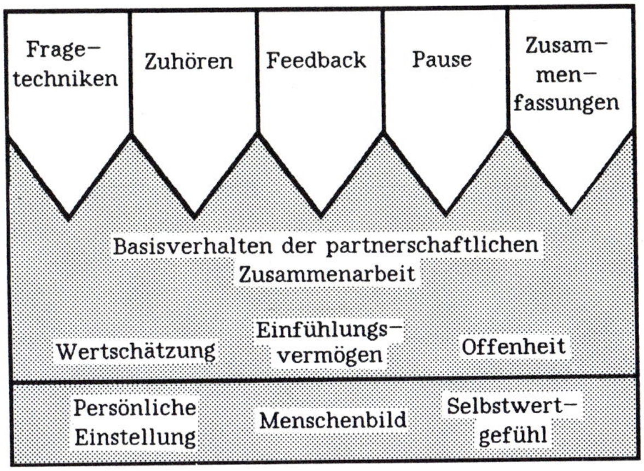

- Bitte betrachten Sie die Gesprächstechniken als Verhaltensmöglichkeiten, nicht als Patentrezepte. Wir verstehen diese Techniken als Handlungsrepertoire, das situativ einzusetzen ist.

5.3.2.1 Hinweise zum aktiven Zuhören

"Gott gab uns nur einen Mund, aber zwei Ohren, damit wir doppelt soviel zuhören können, als wir reden sollten." (Goethe)

Die Bedeutung des Zuhörens in Gesprächen und Konferenzen ist hinlänglich bekannt und dennoch: immer wieder treten Probleme auf, weil nicht richtig zugehört wird. Wie oft hören wir die Aussage: "Moment, das habe ich nicht gesagt, davon kann keine Rede sein." Zuhören fällt of schwer. Warum ist das so? Wir wollen uns im ersten Schritt die Gründe dafür anschauen, um danach die Regeln des aktiven Zuhörens zu beschreiben.

Wir haben viele Menschen gefragt, warum ihnen das Zuhören oft schwerfällt und haben unterschiedliche Antworten erhalten:

- Es gibt äußere Störfaktoren: die Geräuschkulisse im Großraumbüro, das klingelnde Telefon, die schlechte Luft oder Kollegen, die ständig in den Besprechungsraum kommen, um etwas zu fragen.

- Besprechungen oder Gespräche dauern zu lange, es gibt keine Pausen, die Konzentration läßt nach.
- Man weiß ja bereits, was der andere sagen möchte: "Ich kenne die Argumente ganz genau, ich höre gar nicht mehr zu."
- "Wenn ich zu aufmerksam zuhöre, dann komme ich selbst nicht mehr zu Wort."
- Vorurteile und Antipathien erschweren das aktive Zuhören. "Ich kann dem nicht zuhören, der ist mir einfach unangenehm."
- "Ich ertappe mich immer wieder dabei, nicht hinzuhören, weil ich meine eigene Aussage bereits gedanklich formuliere oder noch mit einem anderen Thema beschäftigt bin."
- "Ich bin zu ungeduldig, einfach zu nervös. Mir dauert das alles viel zu lange."
- Mancher hört auch deshalb schlecht zu, weil er meint, sich durch Reden profilieren zu müssen.

Natürlich bedeutet aktives Zuhören mehr als einfaches Hinhören. Es ist

- die Bereitschaft, meine Gesprächspartner verstehen zu wollen,
- die Fähigkeit, meine Gesprächspartner zu verstehen,
- den Gesprächspartnern zu zeigen, daß ich ihnen zuhöre.

Beim aktiven Zuhören sind Sie also keineswegs passiv, Sie lassen sich nicht nur berieseln. Im Gegenteil, aktives Zuhören verlangt einen hohen Grad an Aufmerksamkeit, denn Sie achten dabei

- auf die Worte,
- auf die Sätze,
- auf den Tonfall,
- auf die Körpersprache.

Schweigen können ist eine Grundvoraussetzung des aktiven Zuhörens, und Schweigen können ist im Vergleich zum Reden dann Gold, wenn es Ihnen dazu dient, den anderen reden zu lassen, um ihn besser zu verstehen. Worauf sollten Sie nun beim aktiven Zuhören achten?

Machen wir uns zunächst einmal bewußt, daß Zuhören sich in drei Phasen vollzieht:

- Wahrnehmung: Hören und sehen Sie, was Ihr Gesprächspartner Ihnen mitteilt.
- Zuordnung: Deuten Sie, was Ihr Gesprächspartner Ihnen mitteilt.
- Bewerten: Beurteilen Sie, was Ihr Gesprächspartner Ihnen mitgeteilt hat.

Richtig Verstehen in 3 Schritten

1. Wahrnehmen

2. Zuordnen

3. Bewerten

Wenn Sie die folgenden Empfehlungen beachten, werden Sie ein besserer Zuhörer werden[1]:

- Nicht sprechen, sondern wirklich zuhören. Das ist die wichtigste Regel zum aktiven Zuhören. Aktives Zuhören basiert auf der "Kunst, im richtigen Augenblick zu schweigen".[2]
- Zeigen Sie Ihrem Gesprächspartner, daß Sie ihm zuhören. Dabei helfen Ihnen nonverbale Verstärker wie Augenkontakt oder Nicken.
- Stellen Sie sich auf Ihren Gesprächspartner ein, die individuelle Ausrichtung ist Trumpf beim aktiven Zuhören .
- Versuchen Sie äußere Störfaktoren zu vermeiden. Das spielt auch bei Konferenzen oder Teamsitzungen eine große Rolle.
- Haben Sie Geduld, drängen Sie Ihren Gesprächspartner nicht in die Defensive, entdecken Sie neue Anregungen in seinen Ausführungen.
- Stellen Sie Fragen, Verständnis- oder Zusatzfragen, denn damit zeigen Sie nicht nur Interesse, sondern Sie vermeiden auch Mißverständnisse und können das Gespräch beeinflussen.
- Überprüfen Sie gemeinsam mit Ihrem Gesprächspartner, ob Sie ihn verstanden haben: "Wenn ich Sie richtig verstanden habe, lehnen Sie nicht die Lösung ab, sondern nur den Zeitpunkt der Einführung?"
- In einem längeren Gespräch ist es hilfreich, Wiederholungen einzubauen: "Ich habe mir folgende Punkte gemerkt: (1) Wir müssen den Betriebsrat rechtzeitig über die Schulung informieren. (2) Sie wollten ..."
- Wiederholungen helfen, Mißverständnisse zu vermeiden.
- Auch die Körpersprache meines Gesprächspartners hilft mir, ihn besser zu verstehen. Achten Sie auch auf Gestik und Mimik.

Eigentlich sind all diese Punkte sehr einfach, doch die Umsetzung in die Praxis fällt manchmal wirklich schwer. Aus diesem Grund empfehlen wir Ihnen, Ihr Zuhören immer wieder mal zu prüfen. Sie finden im letzten Abschnitt einen Fragebogen, der Ihnen bei der Überprüfung helfen soll.

---

1) Neuberger/1981/S. 71

2) Weisbach, u.a./1982/S. 17

5.3.2.2 Stellen Sie echte Fragen

Kennen Sie so etwas auch? Da stellt Ihnen jemand in einer Besprechung eine Frage und beginnt anschließend damit, seine Frage selber zu beantworten. Das klingt dann so: "Glauben Sie wirklich, daß die Mitarbeiter an der Veränderung interessiert sind? Sehen Sie, ich stelle diese Frage, weil ich erhebliche Zweifel daran habe, denn ich bin der Meinung, daß ...". Im Rahmen des aktiven Zuhörens empfehlen sich kurze, einfache Fragen, um mehr Verständnis für die Aussage des Gesprächspartners zu bekommen. Das spielt gerade beim Interview eine erhebliche Rolle.

Vermeiden Sie diesen Dreiklang beim Fragen:

(1) Es wird eine Frage gestellt.

(2) Es wird eine Begründung für die Frage geliefert und

(3) damit selbst eine Antwort auf die Frage gegeben.

Denn dann brauchen Sie nicht zu fragen, sondern machen am besten eine Aussage. Das ist einfacher und vermeidet Konfusion.

5.3.2.3 Mach mal Pause

Leider werden auch die kürzesten Pausen (es handelt sich dabei um Sekunden) durch Reden allzuoft zerstört. Es scheint fast so, als ob Schweigen nicht gestattet wäre. Dabei ist es für ein fruchtbares Gespräch sehr wichtig: Die Gesprächspartner können nachdenken, das bisher Gesagte kann noch einmal verarbeitet werden, ein neues, vielleicht sehr wichtiges Thema kann heranwachsen oder ein unangenehmes Thema braucht ein wenig Zeit. Manches Gespräch würde intensiver und schneller verlaufen, wenn beide Gesprächspartner mehr Pausen einlegten.

5.3.2.4 Killerphrasen können ein Gespräch töten

Bei bestimmten Redewendungen, die man als "Killerphrasen" bezeichnet, passiert es leicht, daß aus einem Gespräch die "Luft rausgeht" und "Frust auftritt".

"So geht das nicht, das ist ja völlig praxisfern."
"Was Sie uns da vorschlagen, ist schön und gut, aber wir haben ja doch keine Zeit."
"Das haben wir so noch nie gemacht, das geht nicht."
"Das akzeptiert der Vorstand nie."
"Wenn wir so die Präsentation machen, dann lachen uns alle aus."

Typisch für die Killerphrasen ist, daß sie einfach in den Raum geschmissen werden, ohne den Inhalt der Aussage zu überprüfen. Der Vorschlag eines anderen soll auf diese Weise abgewürgt werden. Es gibt ein recht einfaches Mittel, um Killerphrasen zu knacken. Fragen Sie einfach nach: "Ich kann Ihre Meinung nicht verstehen, könnten Sie mir diese mal erläutern." Auf diese Weise ist Ihr Gesprächspartner aufgefordert, sich mit dem Inhalt seiner Aussage zu beschäftigen und Sie können prüfen, was wirklich an der Aussage dran ist.

5.3.2.5 Feedback macht satt

In einem Unternehmen der Investitionsgüterindustrie, in dem viel mit Projekt- und Arbeitsgruppen gearbeitet wird, gehört es mittlerweile schon zur Norm, zum Schluß einer Sitzung Feedback zu geben. Die Teilnehmer der Besprechung teilen sich mit, wie sie die Besprechung erlebt haben, weil sie die Erfahrung gemacht haben, daß der gegenseitige Austausch von Ärger (Was hat mir heute nicht gefallen?) und Freude (Was hat mir heute gut gefallen?) die Kommunikation verbessern hilft. Wir haben dieses Thema im letzten Kapitel mit der Gruppenprozeßanalyse ja ausführlicher behandelt. Feedback ist nicht nur für Gruppensitzungen geeignet, sondern auch für das Zweiergespräch eine wichtige Kommunikationsregel.

Beim Feedback teile ich dem Gesprächspartner mit, wie es mir geht oder wie ich das Gespräch erlebe. Feedback sind folgende Aussagen: "Ich hatte nicht immer den Eindruck, daß Sie mich verstehen." "Ich bin froh, daß wir dieses Thema so offen besprechen konnten." "Manchmal fällt es mir schwer, Sie zu verstehen." "Ich finde, wir haben heute gut gearbeitet."
Wichtige Feedback-Regeln sind:

- Ein Feedback sollte offen und echt sein; das setzt eine vertrauensvolle Atmosphäre und/oder persönlichen Mut voraus.
- Beim Feedback sollten keine Globalaussagen getroffen werden ("Sie hören mir nie zu."), sondern Sachverhalte sollten möglichst konkret beschrieben werden: "Ich habe mehrfach versucht, Ihnen zu erklären, warum ich die Veränderung momentan nicht möchte, aber Sie haben mich jedesmal unterbrochen."

Wir haben wiederholt erfahren müssen, daß gerade diese Technik bei Praktikern auf Skepsis, ja Ablehnung stößt. "Das wäre bei uns unmöglich." oder "Es geht doch schließlich um die Sache und nicht um Gefühle". Zugegeben, in vielen Unternehmen ist Feedback unbekannt, fremd und auch nicht in jedem Gespräch angebracht. Doch handelt es sich bei dieser Skepsis nicht auch um Vorurteile? "Das haben wir noch nie so gemacht!". Wir wissen, daß durch Feedback die Kommunikation offener und produktiver wird, und das nutzt sowohl der Sache als auch den Menschen.

5.3.3 Verständlichkeit - ein Schlüssel zum gegenseitigen Verstehen

Wir wollen uns noch einem für die Projektarbeit besonders wichtigen Kommunikationsproblem zuwenden, der Unverständlichkeit von Informationen und Aussagen. Immer wieder hört man von Mitarbeitern aus Fachabteilungen Klagen: "Die mit ihrem EDV-Chinesisch", "ich habe nichts verstanden, mal zeigte er diese Folie, mal eine andere, ich habe einfach den Faden verloren" oder "das ging so schnell, da konnte man gar keine Frage stellen, vielleicht war das ja so gewollt". In der Tat, Klagen über die Unverständlichkeit von Aussagen, Informationen und Erklärungen bestehen häufig zu Recht, weil zu wenig auf Verständlichkeit geachtet wird. Dies ist eigentlich verwunderlich, denn die Bedeutung von Verständlichkeit kommt bereits in der doppelten Bedeutung des Wortes verstehen zum Ausdruck:

verstehen = eine Sache begreifen,
eine Information aufnehmen
und nachvollziehen können

verstehen = sich verstehen, miteinander reden, miteinander arbeiten können

Verstehen ist damit die Basis, um zu einer Sache zu stehen. Dabei ist es gar nicht so schwierig, Verständlichkeit zu erlernen. Die folgenden Hinweise sollen Ihnen dabei helfen.

Was ist Verständlichkeit?

Betrachten wir doch einmal, wodurch sich verständliche von unverständlicher Information unterscheidet:

verständliche Information ist	unverständliche Information ist
einfach	kompliziert
systematisch	unübersichtlich
kurz und prägnant	weitschweifig
anregend	langweilig

Verständlichkeit besteht also aus einem Bündel von Eigenschaften. Die vier Verständlichkeitsmacher heißen:

1. Einfachheit
2. Systematik/Gliederung
3. Kürze/Prägnanz
4. Anregung/Stimulanz

Die einzelnen Verständlichkeitsmacher wollen ein wenig erläutert werden, damit Sie in Ihrer Praxis damit arbeiten können.

Die Einfachheit

Die Einfachheit ist wohl der wichtigste Verständlichkeitsmacher. Manche setzen Einfachheit mit Verständlichkeit gleich. Doch Verständlichkeit ist mehr.

Zur Einfachheit gehören zunächst kurze Sätze. Verständliche Worte tragen viel zur Verständlichkeit bei. Fachworte sollten erklärt werden. Viele neigen dazu, verwendete Fachbegriffe zum allgemeinen Sprachgebrauch zu zählen. Bitte überprüfen Sie sich selbst, ob Ihnen nicht auch hin und wieder ein Fachbegriff "herausrutscht", den Ihr Gesprächspartner nicht versteht.
Abkürzungen "nagen" an der Verständlichkeit einer Information. Seien Sie bitte vorsichtig im Umgang mit Abkürzungen. Zur Einfachheit gehört auch die Anschaulichkeit. Versuchen Sie deshalb Ihre Erklärungen mit Beispielen zu untermauern.

Systematik/Gliederung

Dieser Verständlichmacher gewinnt vor allem bei längeren Erläuterungen, beispielsweise bei einer Präsentation, erheblich an Bedeutung. Was besagt er? Antwort: Gliedern Sie Ihre Erläuterungen in sinnvolle Abschnitte, bringen Sie Systematik in Ihre Präsentation! Schauen wir uns das Gegenteil der Systematik, die Unübersichtlichkeit, an: Hier geht alles wild durcheinander, der Vortragende springt vom Hölzchen auf's Stöckchen, mal wird über Zeitpläne gesprochen und im nächsten Augenblick bereits über ein ganz anderes Thema. Die Information ist konfus und wichtige Worte und Sätze werden nicht hervorgehoben. Der Zuhörer weiß nie so genau, warum der Projektleiter gerade jetzt diese Information mitteilt. Der Stellenwert einer Aussage im Gesamtzusammenhang bleibt nebulös. Dies verhindert Klarheit, Vertrauen und fördert Mißtrauen und persönliche Distanz.

Worauf müssen Sie achten, um Systematik bei einer Erläuterung zu erreichen?

- Gliedern Sie Ihre Informationen in sinnvolle Teile.
- Machen Sie bei längeren Erklärungen strukturierende Bemerkungen: "Ich gebe Ihnen zunächst einmal einen Überblick über meine Präsentation, damit Sie wissen, was alles auf Sie zukommt. Anschließend erläutere ich dann die einzelnen Punkte."

- Heben Sie wichtige Stellen hervor, durch **Wort** und **Bild.** Zur Systematik gehört auch, daß sich die einzelnen Aussagen logisch aufeinander aufbauen. Achten Sie deshalb darauf, daß alles schön der Reihe nach kommt. Der rote Faden muß erkennbar sein.

Kürze/Prägnanz

Zu weitschweifige Ausführungen verwirren und sind in der Regel zudem langweilig. "Dem kann man überhaupt nicht zuhören, der kommt immer vom Hölzchen auf's Stöckchen und findet nie ein Ende". Weitschweifigkeit zerrt am Nervenkostüm anderer Menschen. Aber vor dem extremen Gegenteil sollten Sie sich auch hüten, denn zu viel Kürze führt zu einem Telegrammstil, bei dem es einfach keinen Spaß macht, zuzuhören.

Anregungen/Stimulanz

Verständlichkeit wird durch Anregungen (Fachwort: Stimuli) erheblich erhöht. Seit Jahren ist ja die Bedeutung der audio-visuellen Kommunikation (Mund/Ohr + Auge) bekannt.
Hierzu einige Tips:

- Ihre eigene Sprache ist ein wichtiger Stimulus. Durch eine monotone Stimme wirkt eine Information nicht nur langweilig, sondern sie ist einfach schwerer aufnehmbar.
- Benutzen Sie Beispiele oder Analogien, um Ihre Zuhörer zu aktivieren. Informationen wollen auch verkauft werden.
- Durch gut aufgebaute Folien können Sie die Aufmerksamkeit steigern.
- Durch den Einsatz von Flip-Chart oder Metaplan können Sie Zuhörer zu Mitmachern aktivieren.

Wir haben Ihnen nun die vier Verständlichmacher Einfachheit, Systematik/Gliederung, Kürze/Prägnanz und Anregung/Stimulanz vorgestellt. Wenn Sie diese einfachen Hinweise beachten, dann tun Sie sich selbst den größten Gefallen: Sie verkaufen Ihr Ergebnis einfach besser.

5.4 Hinweise, Regeln und Checklisten zur Gesprächsführung

1. Wertschätzung/Achtung, aktives Zuhören und die Offenheit des Verhaltens sind die Grundlagen der partnerschaftlichen Gesprächsführung. Dieses Basisverhalten ist nicht durch das Antrainieren von Techniken zu erreichen, sondern hängt von unserer inneren Einstellung ab. Hier zählen Fragen wie:
   - Nehme ich andere Menschen überhaupt ernst und achte sie als Menschen, auch dann, wenn sie andere Meinungen vertreten?
   - Verhalte ich mich gegenüber Vorgesetzten korrekt, freundlich, aber gegenüber "den einfachen Mitarbeitern" überheblich oder distanziert?

2. Einfühlungsvermögen hängt sehr stark von unserem "sensing" ab. Hören und sehen Sie die Botschaften Ihrer Gesprächspartner, indem Sie auf
   - den Tonfall
   - die Wortwahl
   - die Sätze
   - und die Körpersprache

   achten. So können Sie herausfinden, ob die Nachricht des Gesprächspartners mit der Botschaft übereinstimmt.

3. Stellen Sie echte Fragen, beantworten Sie sich also Ihre Fragen nicht selbst. Dann ist Ihre Frage sinnlos. Zum anderen wird die Kommunikation dadurch unklarer.

4. In längeren Gesprächen ist es hilfreich, den Inhalt des Gespräches zusammenzufassen und zu wiederholen. Sie vermeiden auf diese Weise Mißverständnisse. Beispiel: "Ich möchte noch einmal zusammenfassen, was ich bisher verstanden habe ..."

5. Zur Offenheit gehört auch die Offenheit sich selbst gegenüber. Es ist ratsam, ab und zu auch das eigene Verhalten zu überprüfen.
   Ein altes chinesisches Sprichwort sagt: "Der Mensch ordnet täglich seine Haare, warum nicht auch sein Herz?" Die Checkliste zum Zuhören kann Ihnen dabei helfen.

Sind Sie ein guter Zuhörer?

	Fragen	Einschätzungen	
1.	Wenn ich etwas nicht verstehe, dann frage ich nach.	ja	nein
2.	Ich achte darauf, Ablenkungen während eines Gespräches zu vermeiden	ja	nein
3.	Im Grunde genommen ist das Zuhören eine lästige Pflicht, muß aber nun mal sein.	ja	nein
4.	Ich neige dazu, andere schnell zu unterbrechen.	ja	nein
5.	Ich achte nicht nur darauf, was gesagt wird, sondern auch darauf, wie es gesagt wird.	ja	nein
6.	Ich bemühe mich, die Sichtweise eines anderen zunächst zu verstehen, auch wenn ich anderer Meinung bin.	ja	nein
7.	Durch Worte und durch Körpersprache zeige ich meinem Gesprächspartner mein Interesse.	ja	nein
8.	Ich schalte in Gesprächen ab, weil ich mit meinen eigenen Gedanken beschäftigt bin.	ja	nein
9.	Ich tendiere dazu, in Gesprächen die Schwachstellen des anderen herauszupicken.	ja	nein
10.	Ich neige zu vorschnellen Gegenargumenten, ohne die Aussagen meines Gesprächspartners erst einmal zu überdenken.	ja	nein
11.	Ich überprüfe gemeinsam mit meinem Gesprächspartner, ob wir uns richtig verstanden haben.	ja	nein
12.	Ich finde es gut, meinem Gesprächspartner mitzuteilen, wenn mir das Gespräch gefallen hat.	ja	nein

6. Die Reaktionen eines Empfängers von Nachrichten bestehen aus drei Schritten:

Wahrnehmung:	Ich sehe, daß der Abteilungsleiter den Kopf schüttelt.
Deutung:	Ich vermute, daß er mit meinem Vorschlag nicht einverstanden ist. Er zieht den Vorschlag des externen Beraters vor.
Bewerten:	Er ist wie immer gegen meine Ideen.

Führen Sie sich diesen Dreischritt häufiger vor Augen. Machen Sie sich bewußt, daß zwischen Wahrnehmung und Deutung ein erheblicher Unterschied ist. Vielleicht hat der Abteilungsleiter auch nur den Kopf geschüttelt, weil er sich darüber ärgert, daß ein Teilnehmer der Besprechung in irgendwelchen Unterlagen blättert, statt Ihnen aufmerksam zuzuhören.

7. Bei der Vorbereitung von Schulungen oder Präsentationen helfen Ihnen die vier Verständlichmacher: Einfachheit, Systematik/Gliederung, Kürze/Prägnanz und Anreize/Stimulanz. Sie können mit dieser Übersicht[1] die Verständlichkeit einschätzen.

Einfachheit	++	+	0	-	--	Kompliziertheit
Gliederung/ Ordnung	++	+	0	-	--	Unübersichtlichkeit Zusammenhanglosigkeit
Kürze/ Prägnanz	++	+	0	-	--	Weitschweifigkeit
Zusätzliche Stimulanz	++	+	0	-	--	keine zusätzliche Stimulanz

(Die dickumrandeten Skalenstufen sind für gute Allgemeinverständlichkeit am günstigsten.)

---

1) Schulz v. Thun/1981/S. 150

6 Der Einfluß von Hierarchie und Autorität in Projekten

6.1 Einführung

Für die Projektleiter aus den unterschiedlichsten Unternehmen hat wohl kein anderes Thema eine solche Bedeutung wie der Einfluß von Macht und Hierarchie auf die Projektarbeit. Sowohl in den von uns bisher durchgeführten Projektleiter-Trainings als auch in Beratungen tauchen regelmäßig die gleichen Situationen auf:

- Die Kompetenzen des Projektleiters sind unklar oder gar nicht definiert. Er trägt zwar die Verantwortung für das Projekt, seine Kompetenzen sind jedoch nicht geregelt.
  In einigen Unternehmen haben wir folgende Paradoxie gefunden:
  Der Projektleiter hat die Verantwortung für das Projekt - doch entscheiden kann er nichts. Dies ist verständlicherweise mit erheblichen Frustrationen verbunden und führt zu unproduktiven Absicherungstendenzen. So wird aus dem Projektleiter der "Projektleider".
- Projektleiter und die Mitglieder des Projektteams klagen über Verhaltensweisen der 'Hierarchen', die z.B. durch Monologe, die wenig zur Sache beitragen, die Arbeit des Projektteams blockieren, oder festvereinbarte Termine kurzfristig absagen.
- Der Projektleiter muß aus 'politischen Gründen' Rücksichten bei seinen Vorgehensweisen und Entscheidungen nehmen, die zu Zeitverlusten und unwirtschaftlichen Effekten führen: "Ich kann mir die notwendigen Informationen nicht unmittelbar bei den Mitarbeitern holen, weil der Abteilungsleiter das nicht zuläßt. Und der hat eine starke Position hier im Hause".

Betrachten wir uns die drei geschilderten Situationen, so können wir daran die grundsätzlichen Problematik von Hierarchie und Projektarbeit erkennen. Unsere Themen lauten:

(1) Es gibt ein Spannungsfeld zwischen der hierarchisch-strukturierten Organisationsform und der Projektarbeit.

(2) Wir müssen die Problematik von Hierarchie und Autorität unter zwei Aspekten betrachten, wenn wir das Thema umfassender behandeln wollen. Es gibt:
- strukturelle Ursachen und
- verhaltensbedingte Ursachen.

Nachdem wir im Abschnitt 6.2. die Praxisprobleme dargestellt haben, skizzieren wir in 6.3. zunächst das Spannungsfeld zwischen Hierarchie und Projektarbeit. Wir werden die provokative Frage stellen, ob es sich nicht im Grunde um ein schizophrenes, paradoxes Muster handelt, um einen strukturellen Widerspruch zwischen der traditionellen hierarchischen Aufbauorganisation und der hierarchie- und bereichsübergreifenden Projektorganisation.

Anschließend beschäftigen wir uns mit den verhaltensbedingten Hierarchieproblemen, mit dem Teil des Hierarchieproblems, von dem meist die Rede ist. Wenn Sie erwarten, daß wir dabei "über die da oben" schriftlich herfallen, so sind Sie allerdings auf dem Holzweg, denn das Problem hat zwei Seiten:

- Allzu häufig werden Projektleiter und Projektmitarbeiter durch hierarchisches Verhalten in ihrer Arbeit eingeschränkt und auch gekränkt, was zur Resignation und Verärgerung führt. Die "Hierarchen" - der Begriff ist mittlerweile zum Schimpfwort avanciert - sind nicht ansprechbar oder halten sich nicht an die von ihnen selbst unterschriebene Projektorganisation. Aus unserer eigenen Praxis wissen wir sehr gut, daß in einigen Unternehmen der wichtigste Auslösefaktor für Angst, Streß oder gar psychosomatische Krankheiten das Verhalten von Führungskräften ist.

- Doch das ist nur eine Seite der Medaille. So einfach, wie es viele Mitarbeiter darstellen: "Die da oben geben uns nicht die Möglichkeit, uns zu entfalten", ist es in den meisten Unternehmen nun auch wieder nicht. Unsere Aussage lautet: Es ist nicht nur die "äußere Hierarchie", die uns blockiert, sondern es sind auch unsere eigenen Grenzen, die "inneren Hierarchien", die uns einengen. Unsere ureigensten Vorstellungen, Phantasien und Vorurteile über Hierarchie, Macht und Autorität setzen uns ebenfalls Grenzen. Der persönliche Umgang des einzelnen mit seinen hierarchischen Mustern ist demnach die andere Seite der Medaille. Auch diesem Phänomen wollen wir in diesem Kapitel ein wenig nachgehen.

Sicher erwarten Sie auch in diesem Kapitel Lösungsansätze. Wir meinen, daß der einzelne Projektleiter bei der Lösung dieser Problematik häufig überfordert ist, soweit es die äußeren Hierarchien trifft. Hier sind die Projektleiter, die Chefs aus dem ORG/DV-Bereich und die Geschäftsführung aufgerufen, Führungsstile und Kooperationsformen zu entwickeln, die den Notwendigkeiten der Projektarbeit entsprechen. Welche Wege man dabei gehen kann, erläutern wir an einem praktischen Beispiel.

<u>Ziele dieses Kapitels:</u>

- Sie finden wieder eine Zusammenstellung von Praxisproblemen.
- Wir erläutern das Spannungsfeld, das zwischen Projektarbeit und Hierarchie besteht.
- Wir gehen auf die äußeren und die inneren Hierarchien ein und versuchen, Ihnen Lösungshilfen zu bieten.
- Sie lesen die Darstellung eines Organisationsentwicklungsprozesses im ORG/DV-Bereich.

6.2 Die Praxisprobleme

Bei der Auswahl der Probleme haben wir darauf geachtet, daß die unterschiedlichen Facetten der Hierarchieproblematik zum Ausdruck kommen. Sie können überprüfen, ob Ihnen das eine oder andere Problem bekannt vorkommt.

- Projektleiter aus einem Dienstleistungsunternehmen klagen: "Auf dem Papier haben wir zwar alle Kompetenzen, doch in der Praxis sieht das ganz anders aus, unsere Führung hält sich nicht daran."
- Ein Projektleiter fragt: "Ich habe zwar die Verantwortung für das Projekt, aber keine Kompetenzen. Was kann ich tun?" Eine Antwort zur Lösung des Problems erwartet er nicht, denn er hat längst resigniert. Sein Chef hält die Klärung solcher Fragen in diesem Unternehmen für reine Zeitverschwendung.
- Ein Projektleiter steht vor folgendem Problem: "Die Mitarbeiter des Fachbereichs halten sich nicht an die vereinbarten Termine und ich habe die Verantwortung. An das Management im Fachbereich komme ich nicht heran und mein Chef ist nicht bereit, diesen Konflikt auszutragen."
- In einem Workshop mit Projektleitern aus dem ORG/DV-Bereich wird kritisiert, daß wichtige Entscheidungen - z.B. der Einsatz von externen Beratern im Projekt - "oben entschieden werden", ohne daß der Projektleiter vorab informiert wird oder gar mitentscheiden kann.
- Nach einer Sitzung des Projektteams, an der auch Mitglieder der Geschäftsführung teilgenommen haben, wird im "vertrauten Kreise" wieder einmal konstatiert: "Wenn 'die' dabei sind, kommen die wirklichen Probleme nicht auf den Tisch, da hält sich jeder bedeckt."
- Die Geschäftsführung des gleichen Unternehmens teilt nach dieser Sitzung dem Berater mit: "Wir haben den Eindruck, daß sich die Mitarbeiter in diesen Sitzungen zurückhalten. Manchmal haben wir fast das Gefühl, die richten sich mit ihren Beiträgen überwiegend nach uns und nicht nach der Sache. Das müssen wir ändern."

- Der Leiter der ORG/DV eines größeren Unternehmens beklagt die Unselbständigkeit von Projektleitern: "Wir haben in den letzten Jahren sehr intensiv am Selbst- und Rollenverständnis der Projektleiter gearbeitet. Die Projektleiter haben Kompetenzen, die auch von fast allen Führungskräften aus den Fachabteilungen akzeptiert werden. Und dennoch: Mancher Projektleiter nutzt seine Kompetenzen nicht, es wird immer noch zu viel Zeit mit unproduktiven Rückversicherungen vertan. An diesem Problem müssen wir weiter arbeiten.

Sie sehen, das Problem von Macht und Autorität in der Projektarbeit besteht nicht nur bei Projektleitern, sondern auch bei den Entscheidungsträgern des Unternehmens. Dies wird von Projektleitern oft zuwenig berücksichtigt.

6.3.1 Hierarchie und Projektarbeit - ein schizophrenes Muster?

"Nach anerkannten aufbauorganisatorischen Grundsätzen sind dem, der für einen bestimmten Aufgabenbereich die Verantwortung trägt, auch die nötigen Entscheidungs- und Weisungsbefugnisse einzuräumen, damit er seiner Verantwortung nachkommen kann."[1)] Doch gerade hier liegt ja für viele Projektleiter das Problem: Sie haben nicht die notwendigen Kompetenzen, die sie zur erfolgreichen Realisierung ihrer Arbeit eigentlich benötigen. In einer Analyse über die Probleme des Projektmanagements in deutschen Unternehmen kommt Rademacher zur folgenden Aussage: "Gravierende Schwachstellen zeigen sich in der deutschen Industriepraxis auch bei der organisatorischen Einbettung des Projektmanagements in die funktionale Stammorganisation des jeweiligen Unternehmens. Es geht dabei im wesentlichen um die Ausstattung der jeweiligen Projektleitung mit Weisungs- und Entscheidungskompetenzen."[1)]

---

1) Rademacher/1983/S. 50

Diese Aussagen decken sich mit unseren Projekterfahrungen: Veränderungsprojekte scheitern oder verlaufen ineffizient, weil eine Projektorganisation fehlt oder nur auf dem Papier besteht, aber in der Praxis nicht.

Schauen wir uns noch einmal an drei Beispielen an, mit welchen Schwierigkeiten Projektleiter auf Grund von Hierarchieproblemen kämpfen müssen:

- Der Projektleiter L. benötigt Herrn M., einen sehr qualifizierten Mitarbeiter aus dem Fachbereich, der ihm vom Fachbereich auch zunächst zugesagt war, um im Projekt weiterzukommen. Doch Herr M. erhält von seinem Chef mit Rückendeckung der Bereichsleitung keine Freigabe für die Projektarbeit, weil er wegen der Fülle des Alltagsgeschäftes unabkömmlich sei. Statt dessen bietet man dem Projektleiter einen wenig qualifizierten Mitarbeiter an.
- Der Projektleiter muß wiederholt erleben, daß die Mitarbeiter des Fachbereichs fest vereinbarte Zusagen mit der Begründung der Arbeitsüberlastung nicht einhalten. In einem Gespräch mit dem Fachbereichsleiter weist er auf diesen Mißstand und die damit verbundenen negativen Konsequenzen für das Projekt hin. Er muß sich aber sagen lassen, daß die Bedürfnisse des Fachbereichs vorrangig sind: "Ich bestimme immer noch, welcher von meinen Mitarbeitern wann und wie lange für Sie arbeitet."
- Der Projektleiter macht die Erfahrung, daß der Fachbereich zum Projektende wiederholt Änderungswünsche nachschiebt, die eindeutig nicht abgesprochen waren, und die Terminplanung dadurch ins Wanken gerät. Der Projektleiter lehnt diese Änderungswünsche ab, um die Termine einzuhalten. Daraufhin kommt aus dem Fachbereich Druck von oben, dem der Projektleiter nichts entgegensetzen kann.

Es stellt sich nun die Frage, worin die Ursachen für diese Probleme liegen. Wir gehen dabei von folgenden Annahmen aus:

- Wir haben die Erfahrung gemacht, daß die Probleme in fast allen Fällen sowohl den Projektleitern als auch dem ORG/DV-

Management bekannt sind. Die Problematik ist also nicht nur latent vorhanden, sondern gerade den betroffenen Projektleitern sehr bewußt.

- Den Führungskräften aus den Fachabteilungen Vertrieb, Verwaltung oder Produktion ist die Problematik der Projektleiter weniger deutlich, vermutlich, weil sie eine andere Sichtweise haben.
- In vielen Unternehmen wird von den Projektleitern erwartet, daß sie bereit und in der Lage sind, in diesem Spannungsfeld zwischen hierarchisch-strukturierter Organisation und innovativer Projektarbeit zu leben. Typisch erscheint uns folgende Aussage eines ORG/DV-Leiters: "Meine Herren, ich kenne genau die Problematik und ich verstehe auch Ihren berechtigten Wunsch nach einer klaren Projektorganisation mit den entsprechenden Kompetenzen für Ihre Arbeit. Aber glauben Sie mir, all das läßt sich leider nicht realisieren. Bitte gehen Sie davon aus, daß wir als ORG/DV-Bereich Dienstleister für die Fachabteilungen sind. Im übrigen kennen Sie meine Einstellung: Ein guter Projektleiter lebt mit dieser Problematik und arbeitet dennoch erfolgreich."

Um das Dilemma des Projektleiters - "ich habe die Verantwortung und zu wenig Kompetenzen" - zu begreifen, müssen wir zurück an die Wurzeln gehen und die Bedeutung von Hierarchie und von Projektarbeit in Organisationen erläutern. Indem wir die Entstehungsgeschichte des Spannungsfeldes betrachten, sind wir in der Lage, die heutige Problematik zu verstehen.
In seinem bemerkenswerten Aufsatz "Die Krise der Hierarchie im Wandel der Kooperationsformen"[1] beschreibt Bahrdt die strukturellen Ursachen des Spannungsfeldes zwischen der hierarchisch strukturierten Organisation und bereichsübergreifenden Kooperationsformen.

- Die bürokratische Hierarchie bildete eine wesentliche Voraussetzung für die Entwicklung, für das Wachstum und den Fortbestand der Industriebetriebe. "Als die jungen Industriebetriebe immer größere Menschenmassen an einem Ort vereinten, sich gleichzeitig in ihrem

1) Bahrdt/1974/S. 133ff

Inneren durch fortschreitende Arbeitsteilung und Technisierung differenzierten, aber dennoch das Bedürfnis bestehen blieb, mit diesem kompliziert gewordenen Gebilde rationeller und effektiver zu produzieren als je zuvor",[1] benötigten sie auch eine entsprechende Organisationsform, die bürokratische Hierarchie. Ohne diese Organisationsform "wäre der Industrialisierungsprozeß bald steckengeblieben oder hätte in einer Katastrophe geendet, ähnlich wie viele Großreiche der Vergangenheit."[2]

- Diese Hierarchieform erwies sich als ausgesprochen leistungsfähig, vor allem aus zwei Gründen:

  (1) "Die Schriftlichmachung der gesamten Abläufe, an deren Steuerung und Überwachung die Führungsspitze interessiert ist, d.h. die Praxis, nicht nur Erlasse, Gesetze, Verträge und gelegentliche Berichte und Mitteilungen schriftlich zu fixieren, sondern jeweils auch den gesamten Weg des Führungswillens von der Spitze bis zur letzten ausführenden Instanz und wieder zurück. Dieses Verfahren ermöglicht eine lückenlose Kontrolle der Verwaltungsvergangenheit, damit eine Analyse der Vergangenheit, und damit auch zielgerichtete Korrektur oder Planung zukünftigen Verhaltens. Der Herrschaftswille kommt nunmehr wirklich unten an, er kommt in der Weise an, wie es beabsichtigt war, und die Spitze weiß auch, daß und wie er angekommen ist."[2]

  (2) "Ein zweites wichtiges Merkmal der neuen Hierarchie ist die Tatsache, daß allein die vertikalen Verbindungslinien institutionalisiert werden. Horizontale gegenseitige Abhängigkeitsverhältnisse gelten als regelwidrig, ja geradezu als Obstruktion. Kompetenzprobleme gibt es auf Grund dieser Struktur nicht. Alle umfassenderen Themen, die mehrere Ressorts übergreifen, ferner ein großer Teil der neuartigen Themen, die noch nicht ressortmäßig aufgeteilt sind, fallen

---

1) Bahrdt/1974/S. 133

2) Bahrdt/1974/S. 134

automatisch in den Entscheidungsbereich der höheren und höchsten Instanzen. Ein solches System ist ein Führungsinstrument, das mit seiner technischen Klarheit, Genauigkeit und Beweglichkeit die Spitze befähigt, auch sehr komplizierte Bewegungsvorgänge zu steuern."[1)]

Doch mit der zunehmenden Komplexität der Aufgaben und dem sozio-kulturellen Wandel kam jene hierarchische Organisationsform an ihre Grenzen und so ging man notwendigerweise dazu über, die Aufgaben durch Projektarbeit zu lösen.
Die Gründe für Projektarbeit lassen sich auf einen einfachen Nenner bringen:

- Die Anforderungen an die Unternehmen, die Arbeits- und Entscheidungsprozesse haben sich als Folge der technologischen Entwicklung und der permanenten Umweltveränderungen grundlegend geändert. "Sie sind derart komplex geworden, daß ein geregelter Ablauf nur noch möglich ist, wenn auch auf der untersten Stufe selbständig gedacht, fachmännisch entschieden und vor Ort koordiniert, das heißt, über Arbeitsplatz-, Abteilungs- und Ressortgrenzen hinweg kommuniziert und kooperiert wird."[2)]
- Die Komplexität vieler Aufgabenstellungen, von der Produktinnovation bis zu organisatorischen Veränderungen mit Hilfe neuer DV-Systeme, verlangt eine neue, der Aufgabe entsprechende Organisationsform, die im wesentlichen durch zwei Merkmale gekennzeichnet ist:

(1) die Mitarbeiter müssen bereichsübergreifend miteinander kooperieren

(2) das Einhalten traditionell hierarchischer Wege erweist sich als disfunktional, statt hierarchischer Macht wird vor allem fachliche Qualifikation und die Bereitschaft zur Kooperation in der Projektarbeit verlangt.

---

1) Bahrdt/1974/S. 134

2) Lauterburg/1978/S. 114

Bereichs- und hierarchieübergreifende Kooperation, dies sind die Voraussetzungen für erfolgreiche Projektarbeit. Damit aber werden die strukturellen Grundprinzipien der hierarchischen Organisation unmittelbar in Frage gestellt. C. Lauterburg bezeichnet diesen Zustand als "eingebaute Schizophrenie"[1]. Er schreibt: "Wir sind in praktisch allen Bereichen unseres Zusammenlebens und Zusammenwirkens arbeitsteilig und hierarchisch organisiert. Es läßt sich jedoch nicht übersehen, daß in den letzten Jahren ein Wandel stattgefunden hat. Die Grundstruktur unserer Organisationen ist zwar noch immer die gleiche. Was wir aber von morgens bis abends tun - wie wir arbeiten und Entscheidungen treffen - vollzieht sich zum Teil nach neuen, fundamental anderen Prinzipien. Diese neuen Prinzipien sind mit einer 'sauberen Arbeitsteilung' und mit einer 'klaren Hierarchie' unvereinbar -zum Teil direkt gegenläufig. Es kommt zu strukturellen Ungereimtheiten, zu Rollenkonflikten, zur programmierten Verwirrung."[1]

Die Abbildung verdeutlicht das strukturell bedingte Spannungsfeld zwischen hierarchischer Organisation und Projektorganisation. In die bestehende hierarchische Organisationsform wird ein zweites, bereichs- und hierarchieübergreifendes Organisationskonzept eingebaut.

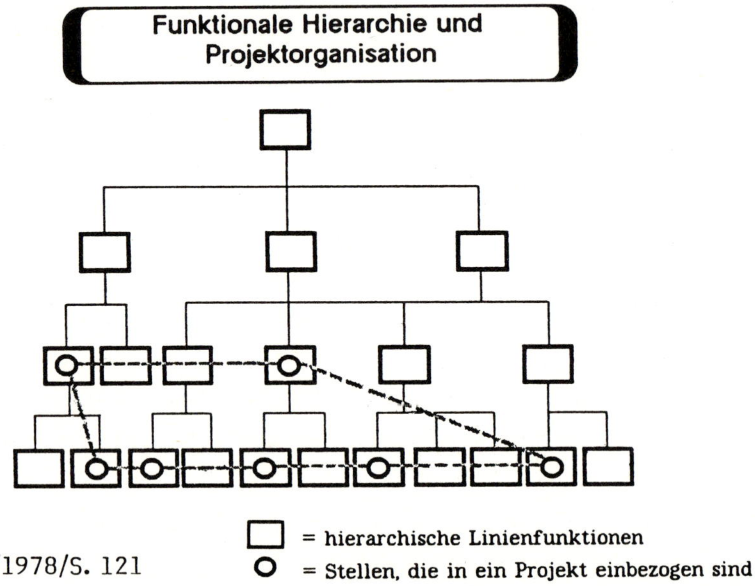

1) Lauterburg/1978/S. 121

Ist Projektarbeit im Rahmen von hierarchisch-strukturierten Organisationen denn überhaupt machbar?

Betrachten wir nur die Prinzipien der beiden Organisationsformen und vernachlässigen wir einmal für einen kurzen Augenblick die Bedeutung des persönlichen Verhaltens - was nicht praxisnah ist - so müssen wir eigentlich zu dem Schluß kommen, daß beide so unterschiedlichen Organisationsformen unvereinbar sind. Und dennoch, es gibt ja genügend Unternehmen, die sehr erfolgreich mit Projektarbeit Lösungen entwickeln, ohne diesen strukturellen Widerspruch gelöst zu haben. Analysiert man Projektarbeit in diesen Unternehmen, so kommt man immer wieder zu den gleichen Ergebnissen:

(1) Man beharrt nicht auf seinen "hierarchischen Rechten", sondern die Mitglieder der Organisation verhalten sich sachbezogen und kooperativ.

(2) Die Bedeutung von Projektarbeit ist in diesen Unternehmen transparent.

(3) Die Bedeutung von Projektarbeit wird in diesen Unternehmen verstanden und akzeptiert. Projektarbeit wird von den Führungskräften nicht als Abbau ihrer Autorität erlebt.

(4) Abteilungsübergreifendes, ganzheitliches Denken und Handeln wird unterstützt und belohnt, "Tellerranddenken" ist verpönt.

(5) Man sucht gemeinsam nach fairen Kompromissen bei der Verteilung von Ressourcen. Die Zuteilung von Mitarbeitern aus den Fachabteilungen in das Projektteam wird nach sach- und nicht nach machtbezogenen Aspekten geregelt.

(6) Bestimmte Spielregeln - vor allem die Einhaltung von Zusagen - haben hohe Priorität: "Daran halten wir uns, denn wir wissen sehr genau, daß es ohne Zuverlässigkeit nicht geht."

(7) Auch die Führungskräfte handeln nach den vereinbarten bzw. entstandenen Regeln. Es herrscht ein eher partnerschaftliches Führungsverständnis: "Wir können und wollen nicht von 'oben herab' mit unseren Mitarbeitern arbeiten. Dies ist einmal schon sachlich unmöglich, weil wir nicht die Experten sind, zum andern

widerspricht es unserer Vorstellung von Führung, denn Eigeninitiative der Mitarbeiter setzt von uns entsprechendes Verhalten voraus."

Der Ruf nach mehr Kompetenz für den Projektleiter löst das Problem nicht!

Unbestritten ist, daß der Projektleiter klar definierte Kompetenzen braucht, um verantwortlich arbeiten zu können. So muß er Aufgaben verteilen und auf Terminabsprachen bestehen können. Er muß auch die Kompetenz haben, innerhalb der Projektgruppe Führungsverantwortung zu übernehmen. Doch hört man immer wieder den Ruf nach mehr Kompetenz für den Projektleiter gegenüber den Führungskräften der funktionalen Hierarchie. Im Grunde handelt es sich bei solchen Verlautbarungen um die Forderung nach Machtverschiebung zugunsten der Projektorganisation und zu Lasten der funktionalen Hierarchie. Diese Versuche lösen das bestehende strukturelle Spannungsfeld nicht auf, die Konflikte werden höchstens verlagert. Wir sehen die Lösung des Problems vor allem in einer veränderten Einstellung aller Mitarbeiter des Unternehmens, der Entwicklung neuer Kommunikations- und Kooperationsformen und im Verzicht auf disfunktionale Machtentscheidungen.

Wir wollen ein Facit dieser Betrachtungen ziehen:

"Die bürokratische Hierarchie, ehemals das beweglichste Führungsinstrument, das gerade für die Steuerung der komplizierten Bewegungsvorgänge in einer dynamisierten Wirtschafts- und Arbeitswelt geeignet war, erweist sich jetzt als starr und unbeweglich."[1] Was einst notwendiges Korsett war, ist heute zur Fessel geworden. Dieses Dilemma muß nicht automatisch zu Schwierigkeiten der Projektarbeit führen, wenn Verhaltens- und Kooperationsweisen im Unternehmen auf allen Ebenen entwickelt wurden, die die strukturellen Probleme relativieren.
Allerdings glauben wir, daß diese Problematik in "Schlechtwetterzeiten" - bei hoher Arbeitsbelastung der einzelnen Abteilungen oder bei knapper Personalbesetzung - ein höheres Gewicht bekommt als in "Schönwetterzeiten", in denen man leichter miteinander verhandeln kann.

---

1) Bahrdt/1974/S. 140

6.3.2 Unsere äußeren und inneren Hierarchien - die Bedeutung des Verhaltens für die Projektleitung

Wir haben uns bisher mit der strukturellen Seite des Hierarchieproblems im Rahmen der Projektarbeit beschäftigt. Wenden wir uns nun der Verhaltensseite zu:

(1) Wir betrachten das Verhalten von Führungskräften gegenüber den Projektleitern und anderen Projektbeteiligten. Wir wollen in diesem Zusammenhang von den äußeren Hierarchien sprechen, d.h. die Grenzen werden von "oben" bestimmt.

(2) Analog dazu sprechen wir von den inneren Hierarchien, wenn wir uns selber Grenzen oder Blockaden gegenüber Führung produzieren. Wir gehen deshalb auch auf die Verhaltensweisen der Projektleiter gegenüber denjenigen, die Macht und Autorität besitzen, ein.

(1) <u>Der Einfluß von Führungskräften auf die Projektarbeit</u>

Wenn über Hierarchie gesprochen, geschimpft oder auch gestöhnt wird, so ist in aller Regel das Verhalten "der da oben" gemeint. Nun, das ist durchaus verständlich, wenn man bedenkt, in welch erheblichem Maße Entscheidungsträger die Projektarbeit durch ihr Verhalten beeinflussen können, positiv oder negativ (siehe Übersicht auf der nächsten Seite).

Manchmal ist es für einen Insider wie den Projektleiter nicht immer einfach, den Einfluß der Hierarchie kritisch zu prüfen. Die Checkliste auf Seite 135 bietet Ihnen eine kleine Hilfestellung. Sie haben die Möglichkeit, den Einfluß der Hierarchie auf Ihre Arbeit einzuschätzen, nicht, um anschließend "fundierter schimpfen zu können", sondern um Anhaltspunkte für ein Gespräch zu haben, mit dem Ziel, Ihre Arbeitsbedingungen zu verbessern.

positiv	negativ
- Entscheidungsträger schaffen klare Zuständigkeiten und halten sich selbst an diese Vereinbarungen, sind damit Vorbild.	- Entscheidungsträger machen keine Aussage über die Zuständigkeiten, intervenieren für den Projektleiter unberechenbar und ohne Abstimmung in die Projektarbeit.
- Entscheidungsträger stimmen ihre Zeitvorstellung mit dem Projektleiter ab und sind aufgeschlossen für Sachargumente, fördern die Projektarbeit.	- Entscheidungsträger geben einfach ihre Zeitvorstellung zur Einführung eines Projektes vor, ohne überhaupt die Sichtweise des Projektleiters gehört zu haben.
- Entscheidungsträger sind bereit und in der Lage, in schwierigen Projektsituationen notwendige Entscheidungen zu treffen, um dadurch die Projektarbeit zu unterstützen.	- Entscheidungsträger sind entscheidungsträge. Sie treffen nicht die notwendigen Entscheidungen.
- Entscheidungsträger sind kooperativ und arbeiten im Rahmen ihrer zeitlichen Möglichkeiten und ihrer Aufgabenstellung mit.	- Entscheidungsträger sind autoritär, nicht bereit, auf Argumente einzugehen.
- Entscheidungsträger erkennen ihre fachlichen Grenzen in Detailfragen des Projektes. Sie sehen sich nicht als die Projektspezialisten und geben deshalb dem Projektteam genügend Raum zum Arbeiten.	- Entscheidungsträger meinen, sie müßten unbedingt etwas aus ihrem Erfahrungsschatz zur Sache beitragen, auch wenn dies mit dem aktuellen Diskussionsstand wenig zu tun hat. In manchen Fällen sind das die Zeiten der Projektgruppe, wo der einzelne sich in resignatives Schweigen flüchtet und wo anschließend geschmunzelt oder geschimpft wird.
- Entscheidungsträger überlassen dem Projektleiter, inwieweit er externe Unterstützung einsetzt. Dies gehört zur Entscheidungsverantwortung des Projektleiters.	- Entscheidungsträger setzen Externe ohne Abstimmung mit dem Projektleiter ein und ab.

So sehe ich den Einfluß der Hierarchie auf die Projektarbeit

	Bewertung				
1. Bei uns wird im Rahmen der Projektarbeit kein Wert auf Statusunterschiede gelegt. Entscheidend ist einzig und allein die sachliche Arbeit.	++	+	0	-	--
2. Die Entscheidungsträger kennen die Probleme, die in unserem Unternehmen mit Projektarbeit verbunden sind.	++	+	0	-	--
3. Die Probleme sind nicht nur bekannt, sondern man bemüht sich auch um Lösungen, soweit sie in den Aufgabenbereich des Managements gehören.	++	+	0	-	--
4. Alle Führungskräfte aus dem Unternehmen sind mit Projektarbeit vertraut. Über grundsätzliche Fragen, wie z.B. Kompetenzen des Projektleiters oder Vorgehensweisen, gibt es Konsens.	++	+	0	-	--
5. Es ist möglich, in Gesprächen gegenüber dem Management auch andere Meinungen zu vertreten. Die offene, faire Konfliktaustragung wird gefördert, weil sie erwünscht ist.	++	+	0	-	--
6. Es gehört bei uns nicht zum Stil, daß über den Kopf des Projektleiters in das Projekt interveniert wird.	++	+	0	-	--
7. In Besprechungen verhält sich das Management partnerschaftlich. Man hört zu, vermeidet Monologe und verzichtet auf hierarchisches Gehabe.	++	+	0	-	--
8. Bei unklaren Zielvorgaben des Managements wird nicht herumgerätselt oder einfach gearbeitet, nur um was zu tun. In diesen Fällen ist es möglich, mit dem Management gemeinsam die unklaren Punkte zu besprechen.	++	+	0	-	--

++	= stimmt auf jeden Fall	sehr gut
+	= stimmt überwiegend	gut
0	= teils ... teils	es geht so
-	= eher nicht	muß unbedingt besser werden
--	= stimmt auf keinen Fall	so kann man nicht mehr arbeiten

Wir wollen wiederum ein kurzes Resümee ziehen:

- Das Verhalten der Entscheidungsträger, die wir im Kontext dieses Kapitels auch als "äußere Hierarchien" bezeichnen, hat einen erheblichen Einfluß auf die Projektarbeit und die Rolle des Projektleiters. Die Macht der einen kann die Ohnmacht der anderen bedeuten, je nachdem, wie mit der Macht umgegangen wird.
- Eine noch so sinnvoll konzipierte Projektorganisation nutzt dem Projektleiter wenig, wenn sich die Führungskräfte nicht daran halten und die Kompetenzen des Projektleiters und die Aufgaben der Projektgruppe mißachten. Das ist dann der feine Unterschied zwischen Theorie und Praxis.
- Die Entscheidungsträger müssen die strukturellen Probleme erkennen und Lösungen fördern:
  Der Projektleiter braucht eine seiner Aufgabenstellung entsprechende Kompetenz, um verantwortlich arbeiten zu können. Seine Rechte und Pflichten müssen im Unternehmen bekannt sein. Wir glauben allerdings nicht, daß sich die Kompetenz in einem Formblatt standardisieren läßt, das für alle Unternehmen gültig ist, denn die Unternehmen, die Projekte und auch die Projektleiter sind zu unterschiedlich. Auch bei der Projektorganisation sollten situative Aspekte berücksichtigt werden. Hier muß jedes Unternehmen seinen Weg intensiv suchen und Erfahrungen machen. Wie es andere machen, kann nur Anhaltspunkt sein.

  Zu den strukturellen Aspekten gehört auch die Installierung eines Projekt-steuerungs- und entscheidungsausschusses, der nicht nur die Aufgabe hat, Projekte zu koordinieren, sondern er sollte auch Ansprechstelle für grundsätzliche Probleme der Projektleiter sein.

  Nicht zuletzt gehört zur Überwindung der strukturellen Probleme eine gezielte Informations- und Aufklärungspolitik über Projektarbeit im Unternehmen, denn auf diese Weise können Unsicherheiten über die Rolle des Projektleiters abgebaut werden. Das Bewußtsein für Projektarbeit muß vergrößert werden und das nicht nur in den Fachbereichen, sondern auch im ORG/DV-Bereich selbst.

- Der Projektleiter sollte sich ein möglichst objektives Bild über den Einfluß der Hierarchie auf seine Arbeit machen. Dabei kann ihm die Checkliste "So sehe ich den Einfluß der Hierarchie auf die Projektarbeit" helfen.

Unsere inneren Hierarchien

Würden wir an dieser Stelle das Kapitel 6 beenden, so erhielten Sie folgendes Bild: die Hierarchieproblematik kann nur dadurch gelöst werden, indem "die da oben" sich ändern: "Die" müssen einmal klare Strukturen schaffen, eine Projektorganisation, die dem Projektleiter genügend Kompetenzen und genügend Unterstützung gibt. Außerdem müssen "die" sich so verhalten, daß die Position des Projektleiters nicht in Frage gestellt wird.

Aber, wir beenden an dieser Stelle das Kapitel 6 noch nicht, denn die Hierarchieproblematik wäre so doch recht einseitig von uns behandelt worden. Im Einleitungsabschnitt haben wir die noch fehlende Seite der Medaille ja bereits kurz erwähnt: Auch unsere eigenen Hierarchien, die "inneren Hierarchien", setzen uns Grenzen. Unsere persönlichen Vorstellungen, Phantasien, Erwartungen und Vorurteile über Führung, Hierarchie, Macht und Autorität sind Bestandteil des Hierarchieproblems, indem wir uns selber einengen, uns persönliche Grenzen produzieren. Diesen Aspekt von Hierarchie wollen wir nun näher durchleuchten.

Beginnen wir mit einem alltäglichen Beispiel: In einer Sitzung der Projektgruppe geht es um den Stand des Projektes, insbesondere um Termin- und Kostenfragen sowie um weitere Vorgehensweisen, um den Endtermin halten zu können. Wegen der Bedeutung des Themas nehmen an dieser Sitzung verschiedene Abteilungsleiter aus betroffenen Abteilungen, zwei Bereichsleiter und ein Geschäftsführer, zu dessen Ressort der ORG/DV-Bereich gehört, teil. Dieser Teilnehmerkreis ist sachlich begründet, denn ohne die Unterstützung des Managements könnten erhebliche Terminprobleme auftreten. Es gilt, schnell und sachgerecht zu entscheiden. Die Leitung der Sitzung lag in den Händen des Projektleiters.

Im Verlaufe der schwierigen Diskussionen meldete sich ein Bereichsleiter zu Wort und machte folgenden Vorschlag: "Ich empfehle Ihnen, Teile des Projektes aus der Phase A auszuklammern und zu einem späteren Zeitpunkt in der Phase B weiterzubearbeiten." Dieser Vorschlag wurde vom Geschäftsführer unterstützt: "Mir erscheint das auch sinnvoll, denn auf diese Weise halten wir den Endtermin und das ist dem Vorstand wichtig." Mit diesem Vorschlag war die Sitzung beendet, es gab keine Einwände, keine Gegenargumente. Anschließend beim Mittagstisch, ohne die Führungskräfte, klang es ganz anders: "Die haben ja leicht reden, die geforderte Verschiebung von Projektteilen aus der Phase A in die Phase B ist außerordentlich aufwendig, verlangt einen hohen technischen Einsatz. Es ist immer das gleiche, das Management kommt mit wenig Detailkenntnissen und setzt uns neue Forderungen vor die Nase."
Was ist passiert, analysieren wir die Situation:

- Mehrere Menschen unterschiedlicher Hierarchiestufen sitzen in einem Raum.
- Ein Bereichsleiter macht einen Vorschlag: "Ich empfehle Ihnen ..."
- Der Geschäftsführer unterstützt diesen Vorschlag: "Mir erscheint das ..."
- Es gab keine Einwände, keine Gegenargumente.
- Beim Mittagessen wurde aus der Empfehlung eine "geforderte Verschiebung".
- Es wird über das Management geschimpft.

Vielleicht reagieren Sie ärgerlich auf dieses Beispiel und meinen, es sei an den Haaren herbeigezogen. Wir sind da allerdings anderer Meinung, denn wir beobachten ständig, daß Mitarbeiter in Gesprächen mit Führungskräften ihre Meinung nicht klar und deutlich äußern. Man wartet darauf, daß andere etwas sagen und da niemand etwas sagt, kommen die Bedenken nicht auf den Tisch. Ein Vorschlag oder eine Idee von Führungskräften wird als unumstößliche Anweisung gedeutet. Bei unklaren Aussagen von Führungskräften wird nicht nachgefragt, statt dessen nach einer Sitzung in kleinerem Kreis diese Aussage interpretiert. Selbstverständlich weichen diese Interpretationen nicht selten erheblich von der gemachten Aussage ab.

Tragen wir diese Gesichtspunkte in unseren Projektleiter-Trainings vor, so hören wir oft folgenden Einwand: "Man muß die Mitarbeiter doch verstehen, die haben bestimmt mit ihrem Management schlechte Erfahrungen gemacht ." Das mag durchaus im einen oder anderen Fall stimmen. Dennoch engen sich Menschen durch ihr eigenes Verhalten selber ein und wir meinen, daß dieser Aspekt von innerer Hierarchie wenig bewußt ist und gerne verdrängt wird. Dies ist bestimmt kein Zufall, denn es ist einfacher, eigene Ohnmachtsgefühle, Unsicherheit und Hilflosigkeit auf andere zu übertragen. So werden den "Hierarchen" Eigenschaften wie "mit denen kann man nicht reden" zugeschrieben, statt sich mit der eigenen Unsicherheit, "den Mund aufzumachen gegenüber Führungskräften", auseinanderzusetzen.

Fragen wir nach den Ursachen dieser Problematik, so kommen wir schnell "in den Herrschaftsbereich" unserer Vorstellungen und Phantasien über Macht und Autorität. Wir alle haben Ein- und Vorstellungen über Führung:

- "Es ist besser, einem Vorgesetzten widerspricht man nicht."
- "Ich denke, wenn er etwas empfiehlt, dann will er es so haben. In Wirklichkeit ist es ein Befehl, nur, er verkauft es geschickt."
- "Es ist besser, den Mund zu halten und taktisch vorzugehen. Vorgesetzte suchen nämlich die Schwächen."
- "Die da oben interessieren sich doch in Wirklichkeit gar nicht für meine Probleme."

Wie gesagt, das alles sind Phantasien, die sich Menschen über ihre Chefs und Chefs über ihre Mitarbeiter machen nach dem bekannten Muster: "Ich denke, er denkt ...". (Siehe dazu auch die Abbildung auf der nächsten Seite[1].)

Phantasien, die wir uns voneinander machen, spielen im Berufsleben eine erhebliche Rolle. Sie sind Anlaß für Mißverständnisse, Unsicherheiten, Kommunikationsblockaden und Probleme der Zusammenarbeit. Weil die Phantasien die Realität beeinflussen, ist es ausgesprochen irrational, sie als einen Teil der Realität zu verleugnen.

---

1) Westerlund/1981/S. 155

Zum Thema "innere Hierarchien"

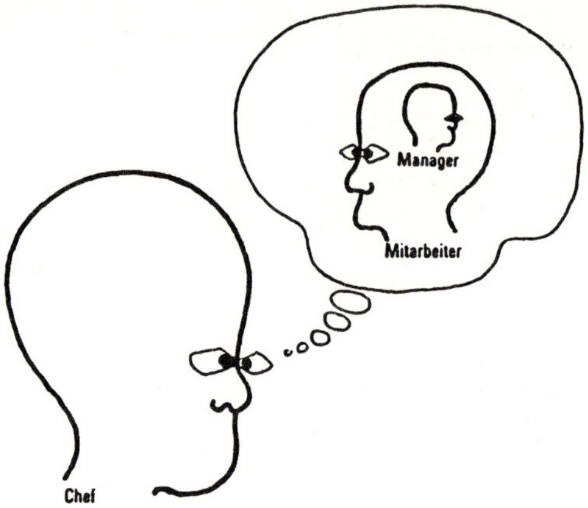

Wodurch entstehen solche Phantasien?
Es gibt verschiedene Gründe:

- Unsere eigene Persönlichkeitsstruktur spielt für die Entwicklung unserer Vorstellungen von Führung eine besondere Rolle. Wir machen uns die Bilder von anderen, die wir für die Stabilisierung unseres Selbstkonzepts brauchen. So werden beispielsweise eigene Unsicherheiten dadurch kompensiert, daß andere zu Helden oder zu Tyrannen stilisiert werden.
- Wir nehmen Informationen und Gerüchte ungeprüft in unsere Vorstellungen auf und verhalten uns danach.
- Bereits beim Eintritt in das Unternehmen werden uns "Organisationsmythen" von den Kollegen angeboten: "In dieser Firma konnte man noch nie die Wahrheit sagen." (Folglich ist auch diese Aussage nicht wahr.)

<u>Prüfen Sie Ihr eigenes Verhalten gegenüber Führungskräften</u>

Sie können sich mit der folgenden Checkliste ein Bild von Ihren eigenen Verhaltensweisen gegenüber Macht und Autorität machen. Auf diese Weise können Sie vielleicht innere Blockaden erkennen, für die Sie selbst verantwortlich sind und die Sie selber ändern können.

Mein Verhalten gegenüber Macht und Autoriät im Unternehmen

1. In Anwesenheit von Führungskräften aus dem oberen Management fühle ich mich nicht wohl. Da halte ich mich lieber zurück.	1	2	3	4	5
2. Es fällt mir schwer, in Konferenzen meine Meinung gegenüber Führungskräften zu sagen, wenn ich weiß, daß sie eine andere Position vertreten.	1	2	3	4	5
3. Ich habe mich schon einige Male darüber geärgert, daß ich nicht klar und deutlich meine Meinung in einer Besprechung geäußert habe.	1	2	3	4	5
4. Wenn ich in einer Sitzung von Vorgesetzten unterbrochen werde, so weise ich ihn darauf hin und rede dann zu Ende.	1	2	3	4	5
5. Manchmal habe ich Phantasien über einen Plan oder eine Entscheidung im Kopf und würde gerne nachfragen, ob ich richtig liege. Meist traue ich mich in Anwesenheit des Managements allerdings nicht.	1	2	3	4	5
6. Eigentlich finde ich es angenehm, wenn andere für mich entscheiden.	1	2	3	4	5
7. Der Gedanke, ich müßte eine Präsentation vor der Geschäftsführung machen, bereitet mir sehr viel Unbehagen.	1	2	3	4	5
8. Wenn ich etwas sage, dann bin ich häufig unsicher, was anschließend über mich gedacht wird. Am liebsten würde ich nachfragen, aber ich traue mich nicht.	1	2	3	4	5

1 = stimmt auf jeden Fall
2 = stimmt im allgemeinen
3 = teils - teils
4 = stimmt eher nicht
5 = stimmt auf keinen Fall

Welche Konsequenzen können Sie nun aus dieser Selbsteinschätzung Ihrer Verhaltensweisen ziehen?

Wir empfehlen Ihnen vier Fragen, die Sie sich selbst beantworten können, um Ihr Verhalten zu prüfen und ggfs. zu verändern:

1. Wie kommen meine Verhaltensweisen zustande? Habe ich schlechte Erfahrungen gemacht oder basiert mein Verhalten auf Vermutungen und Phantasien? Habe ich mit den in der Konferenz anwesenden Personen negative Erfahrungen erlebt, wenn ich mich offen äußere?
2. Bin ich mit meinen Verhaltensweisen zufrieden oder unzufrieden?
3. Welche Verhaltensweisen finde ich besser, wie möchte ich mich gerne verhalten?
4. Was hindert mich daran, mich so zu verhalten wie ich das möchte?

Bitte beantworten Sie sich diese Fragen sehr offen und genau, denn nur dadurch haben Sie die Möglichkeit, Ihr eigenes Verhalten kritisch zu durchleuchten. Anschließend haben Sie die Chance, neue Verhaltensweisen zu erproben, die Ihren eigenen Vorstellungen eher entsprechen. Sie entwickeln auf diese Weise mehr Autonomie und sind mit sich selbst zufriedener.

Strategie zur Veränderung von Verhaltensweisen

Beschreibung des eigenen Verhaltens:
Wie verhalte ich mich und wie geht es mir dabei?

Analyse des eigenen Verhaltens:
Wodurch kommt mein Verhalten zustande?

Beschreibung der eigenen Wunschvorstellung:
Wie möchte ich mich verhalten?

Ermittlung der eigenen Blockaden:
Was hindert mich daran, mich so zu verhalten, wie ich es gerne möchte?

Sie können die Entscheidung treffen, sich anders zu verhalten, ein neues Verhalten zu erproben.

6.3.3 Organisationsentwicklung im ORG/DV-Bereich

Wir wollen Ihnen an einem praktischen Beispiel zeigen, welchen Weg die Projektleiter und deren Vorgesetzte in einem Industrieunternehmen beschritten haben, um ihre Probleme zu lösen. Dies geschieht, weil diese Vorgehensweise Chancen bietet, Probleme gemeinsam erfolgreich zu lösen.

Der Ausgangspunkt des Organisationsentwicklungsprozesses im ORG/DV-Bereich des Unternehmens waren die täglichen Probleme in der Projektarbeit und in der Abteilung:

- Projekte wurden nicht termingerecht fertig.
- Die Projektleiter konnten die häufigen Änderungswünsche aus dem Fachbereich Materialwirtschaft in der Projektabschlußphase nicht unterbinden.
- Das Image des ORG/DV-Bereiches war sowohl bei einigen Fachabteilungen als auch bei der Geschäftsleitung angeschlagen.
- Die Projektleiter waren unzufrieden, einige äußerten Kündigungsabsichten. Es gab Spannungen innerhalb der Abteilung.

Angesichts dieser Schwierigkeiten setzten sich die Projektleiter mit einem externen Berater in einem Workshop zusammen, um gemeinsam zu überlegen, wie man die Probleme lösen könnte: "Was müssen wir tun, um unsere momentane Situation zu verbessern?"

<u>1. Schritt</u>:

In diesem Workshop wurden die Probleme der Projektleiter systematisch gesammelt und analysiert. Zur Veranschaulichung soll der folgende kleine Ausschnitt aus der Problemanalyse dienen:

Welche Probleme sehen wir?	Welche Konsequenzen haben sie für das Projekt?	Welche Ursachen sehen wir?
Fachbereich Materialwirtschaft äußert zu häufig Änderungswünsche zum Projektende	Projekt wird nicht pünktlich fertig, Verzögerungen bei anderen geplanten Projekten Unzufriedenheit bei Projektmitarbeitern, Projektleiter und ORG/DV-Leiter Kritik der Geschäftsführung am ORG/DV-Bereich	Fachbereich nimmt sich beim funktionalen Entwurf zu wenig Zeit, "der wird mal eben gemacht", Fachbereich versucht, Arbeiten in dieser Phase dem ORG/DV-Bereich zuzuschieben. Kompetenzen unklar. Entscheidungen werden auf höherer Ebene ohne den Projektleiter getroffen.

2. Schritt:

Anschließend wurden die Ergebnisse der ausführlichen Problemsammlung und -analyse dem Management des ORG/DV-Bereiches vorgestellt und intensiv darüber diskutiert. Dabei ging es auch um die Frage, wie man diese Probleme der Geschäftsführung und den Führungskräften aus den Fachabteilungen vermitteln kann, um eine Basis für fundierte Veränderungsmaßnahmen zu erreichen. Der Leiter des ORG/DV-Bereiches übernahm nach Prüfung der Ergebnisse die Aufgabe, die Geschäftsführung und die Entscheidungsträger der Fachabteilungen zu bitten, an einer Präsentation über die Ergebnisse des Workshops teilzunehmen.

3. Schritt:

Diese Präsentation fand statt und führte zu folgenden Ergebnissen:

1. Die Fachbereiche sollten ebenfalls ihre Sichtweise der Problematik darlegen und Wünsche, Erwartungen an zukünftige Projektarbeit formulieren.
2. Der ORG/DV-Bereich wurde beauftragt, ein Soll-Konzept über
   - Projektorganisation (Kompetenzen des Projektleiters, Unterstützungs-, Koordinationsgremien, Anforderungen an die Fachbereiche)
   - Regeln der Zusammenarbeit

   zu entwickeln.

3. Die betroffenen Mitarbeiter aus dem Fachbereich Materialwirtschaft und aus der DV/ORG-Abteilung wurden aufgefordert, in einem Workshop gemeinsam den Verlauf des Projektes "Materialwirtschaft" zu analysieren, die auf beiden Seiten gemachten Fehler aufzuzeigen, um daraus Verbesserungsvorschläge abzuleiten. Dabei sollten keine Schuldigen gesucht werden, sondern die Probleme kritisch-konstruktiv analysiert werden.

4. Schritt:

Die ausgearbeiteten drei Ergebnisse wurden wiederum präsentiert, kritisch-konstruktiv unter die Lupe genommen und anschließend Maßnahmen entschieden:

a) Die Verantwortlichkeiten der am Projekt beteiligten Stellen wurden mit Hilfe eines Phasenkonzeptes neu definiert, das den Unternehmensanforderungen entspricht.
Auf diese Weise wurden die Aktivitäten der Fachbereiche und des ORG/DV-Bereiches klar beschrieben.

b) Die Aufgaben und die Kompetenzen der Projektleiter wurden geregelt und allen Führungskräften des Unternehmens vermittelt.

c) Eine Projektsteuerungsgruppe wurde ins Leben gerufen, die folgende Funktionen hat:
   - Koordination der verschiedenen Projekte
   - Ansprechpartner für solche Fragen, die für den Projektleiter nicht lösbar sind
   - Kontinuierliche Verbesserung der Projektinfrastruktur.

d) Regeln zur Zusammenarbeit zwischen den Fachabteilungen und den Projektleitern wurden entwickelt und verabschiedet.

e) Die Projektleiter werden über strukturelles, administratives und psycho-soziales Projektmanagement geschult. Diese Schulung basiert auf der Grundlage eines Anforderungsprofils für Projektleiter, das unternehmensspezifisch entwickelt wurde.

f) Es fanden Informations- und Schulungsveranstaltungen über "kooperative Projektarbeit" statt.

6.4 Zusammenfassung, Hinweise, Arbeitsmaterial

Wir haben das Thema "der Einfluß von Hierarchie und Autorität in Projekten" unter verschiedenen Gesichtspunkten beschrieben. Sie finden nun eine kurze Zusammenfassung und die erläuterten Checklisten.

1. Bereichs- und hierarchieübergreifende Kooperation sind die Voraussetzungen für effiziente Projektarbeit. Dadurch werden die strukturellen Grundprinzipien der traditionellen funktionalen Hierarchie in Frage gestellt. Durch veränderte Einstellungen und Verhaltensweisen aller mittel- und unmittelbarer Projektbeteiligten kann erfolgreiche Projektarbeit erreicht werden.

2. Der Einfluß von Macht und Hierarchie auf die Projektarbeit muß unter zwei Gesichtspunkten analysiert werden, wenn es gilt, Praxisprobleme zu lösen:

   (1) Die strukturellen Probleme müssen erkannt, diagnostiziert und vermindert werden.

   (2) Die Bedeutung des Verhaltens muß erkannt und analysiert werden. Dabei sollten jedoch nicht nur die "äußeren Hierarchien" betrachtet werden, sondern auch die "inneren Hierarchien", die eigenen Grenzen und Blockaden, die den Umgang mit Führungskräften erschweren.

3. Zu den strukturellen Lösungsmaßnahmen zählen u.a.

   - Klärung von Verantwortlichkeiten der Projektbeteiligten
   - die Definition von klaren Kompetenzen des Projektleiters
   - die Installierung eines Projektsteuerungs- und -entscheidungsausschusses.

   Es gibt nicht die optimale Projektorganisation für die Unternehmen. Jedes Unternehmen muß für sich selbst eine adäquate Projektorganisation schaffen, die projektabhängig zu modifizieren ist. Dies kann als Organisationsentwicklungsprojekt geschehen.

4. Projektarbeit verlangt kooperatives Verhalten aller. Das Verhalten der Entscheidungsträger spielt im Rahmen der Projektarbeit eine

zentrale Rolle. Sie haben die Möglichkeit, den Einfluß der Hierarchie auf die Projektarbeit zu analysieren, um über Verbesserungen zu reden. Nur durch gemeinsame Gespräche wird letztlich Veränderung erreicht. (Siehe Checkliste Seite 135.)

5. Bereichs- und hierarchieübergreifende Kommunikation und Kooperation verlangt vom Projektleiter und von Projektmitarbeitern veränderte Verhaltensweisen. Innere Blockaden und persönliche Unsicherheit gegenüber Führungskräften müssen erkannt und abgebaut werden. Das verlangt eine Überprüfung des eigenen Verhaltens. (Siehe Checkliste Seite 141.)

6. Neben den individuellen Lösungsansätzen wie die Veränderung des eigenen Verhaltens sollte auch die Notwendigkeit für Organisationsentwicklungs-prozesse geprüft werden. Vielfach liegen ja die Probleme nicht nur im persönlichen Verhalten begründet, sondern auch im fehlenden Verständnis für die Aufgaben anderer Abteilungen oder in den strukturellen Problemen. In der Regel werden erst durch die Kombination von Personal- und Organisationsentwicklungsprozessen wirkliche Veränderungen erreicht.[1)]

---

1) Siehe G. Lomnitz/1985/S. 381ff

7 Was tun bei Widerständen gegen Veränderungen?

7.1 Ziele des siebten Kapitels

Akzeptanz, Benutzerakzeptanz, partizipative Systementwicklung - das sind Schlüsselbegriffe für den Projektleiter. Sie spielen bei der Realisierung von Projekten eine zentrale Rolle. Wir wollen uns nun ausführlicher mit diesem Thema beschäftigen und den Widerstand gegen Veränderungen unter die Lupe nehmen. Dabei stehen zwei Fragen im Mittelpunkt:

- Wie können Sie Widerstände gegen Veränderungen rechtzeitig erkennen und besser verstehen?
- Was können Sie tun, um Widerstände abzubauen bzw. zu vermeiden?

Ziele dieses Kapitels:

- die unterschiedlichen Erscheinungsformen (Widerstandssymptome) erkennen,
- das Wesen des Widerstandes und dessen Ursachen verstehen,
- Lösungsansätze zur Verminderung möglicher Widerstände und zum Abbau bereits bestehender Widerstände kennenlernen.

7.2 Der Widerstand hat verschiedene Kleider - Probleme aus der Praxis

Betrachten wir uns zunächst die Symptome des Widerstandes. Wie treten Widerstandsphänomene in der Praxis auf? Das Spektrum ist vielfältig:

- Es werden endlose Diskussionen über das Ziel des Projekts, über einzelne Sachfragen, über Termine oder über die Vorgehensweise geführt.
- Zusagen werden nicht eingehalten und dadurch wird die Arbeit verzögert.
- Die Mitarbeiter einer Fachbereichsabteilung schimpfen, nörgeln und verrichten ihre Arbeit nur noch lustlos.
- Von den Projektmitarbeitern des Fachbereichs werden auf einmal völlig unrealisierbare Terminforderungen gestellt.
- Der Fachbereich delegiert einen nicht qualifizierten und obendrein noch desinteressierten Mitarbeiter ins Projektteam.
- Der Projektleiter erlebt ständig Informationsblockaden: "Die Leute mauern!".
- Bei einem wichtigen Entscheidungstermin ist ein Entscheidungsträger plötzlich auf einer dringenden Dienstreise.
- Betroffene Mitarbeiter lehnen die Vorschläge kategorisch ab, man hört von Kündigungsabsichten und Versetzungsanträgen.
- Mitarbeiter melden sich krank.
- Mitarbeiter erkranken.
- Es wird ständig über die Vergangenheit gesprochen: "Früher war alles besser."
- Das Betriebsklima in der Abteilung hat sich nach der organisatorischen Veränderung sehr verschlechtert.
- Man macht Dienst nach Vorschrift.
- Die Schwachstellen der neuen Lösung werden systematisch herausgepickt und auf den "Präsentierteller" des Unternehmens gelegt.
- Der Projektleiter wird attackiert: "Der hat ja von unserem Bereich keine Ahnung, immerhin verdienen wir noch das Geld und nicht zuletzt für die Herren Systemanalytiker mit."
- Fehler und Schwachstellen aus alten Projekten werden wieder neu belebt, obwohl das heutige Projekt sachlich mit dem alten Projekt nichts zu tun hat.

- Gerüchte kursieren, die Trennung zwischen Phantasie und Realität ist nicht mehr möglich, die Phantasie ist längst Bestandteil der Realität.
- Aussagen werden falsch interpretiert - bewußt und/oder unbewußt.

7.3 Das Wesen des Widerstandes, Ursachen und Lösungsansätze

Hinter jedem geschilderten Problem steht des Projektleiters Frage: "Was tun in solchen Situationen?". Um adäquat reagieren zu können, müssen wir zunächst den Widerstand verstehen. Wenden wir uns deshalb den Fragen zu:

- Was ist Widerstand überhaupt, was verstehen wir darunter?
- Wie kann man Veränderungsprozesse begreifen?
- Welche Ursachen für Widerstände und welche Lösungsansätze gibt es?

7.3.1 Was ist Widerstand?

Beginnen wir mit einem Bild: "Veränderung gehört zum Leben des Menschen wie Wasser zum Fluß: ohne Veränderung stagniert menschliche Entwicklung, trocknet aus, stirbt ab. Ständige Veränderung jedoch, ohne Begrenzung, ohne Widerstand gegen die Veränderung führt zur Willkür, Chaos und Auflösung." [1] Übertragen wir dieses Bild auf Menschen und Organisationen, so bedeutet das: Menschen und Unternehmen brauchen sowohl Veränderungen als auch Stabilität. Ein Unternehmen, das sich nicht verändert, wird sehr schnell konkurrenzunfähig. Aber genauso wichtig wie Veränderung ist der Wunsch nach Stabilität und Kontinuität, denn erst durch die Auseinandersetzung von Veränderungskräften und den Kräften der Stabilität wird häufig eine sinnvolle Lösung entwickelt. Viele praxisgerechte Lösungen sind dadurch erarbeitet worden, weil betroffene Mitarbeiter mit dem ursprünglichen Lösungsvorschlag nicht einverstanden

---

1) Braune-Krickau/o.J./S. 2

waren. Die Kräfte, die zur Stabilität, zur Beibehaltung eines Zustandes bei Personen, Gruppen und bei Unternehmen wirken, können wir als Widerstandskräfte verstehen. Es ist deshalb unsinnig, Widerstände gegen Veränderungen grundsätzlich negativ zu bewerten. Dies geschieht in der Praxis sehr häufig. Schon der Begriff Widerstand ist ja einseitig negativ besetzt. Zum Entwicklungsprozeß von Menschen, Unternehmen und anderen sozialen Systemen gehören Veränderung und Widerstand als Dimensionen von Entwicklung.

Mit solchen Symptombeschreibungen ließen sich leicht noch viele Seiten füllen. Wir haben gesehen, daß Widerstandssymptome in unterschiedlicher Form auftreten können, offen oder auch verdeckt. In der Praxis begegnen wir dem verdeckten Widerstand, der manchmal schwer nachvollziehbare Wege geht, bevor er an das Tageslicht kommt, wesentlich häufiger als dem offenen Widerstand. Unternehmen, in denen Konfliktvermeidung und Unoffenheit zur Tagesordnung gehören, müssen wohl stärker mit verdeckten Widerständen rechnen als Unternehmen, in denen offen über Konflikte gesprochen werden kann.

Die "Widerstands–Kiste"®

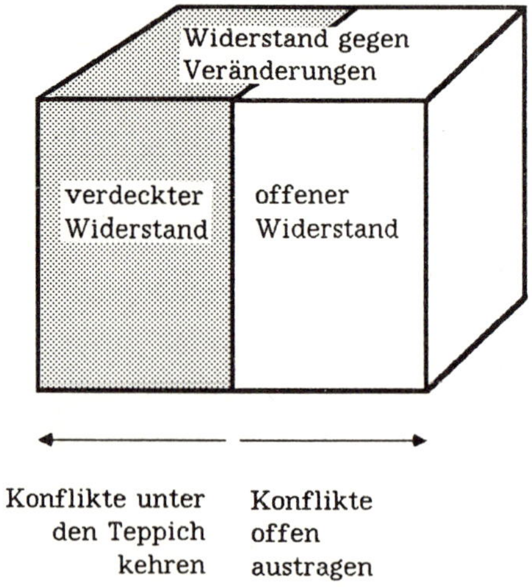

"Veränderung und Widerstand gegen Veränderung sind die beiden notwendigen Pole in einem Spannungsfeld, in dem sich jede Entwicklung vollziehen muß."[1]

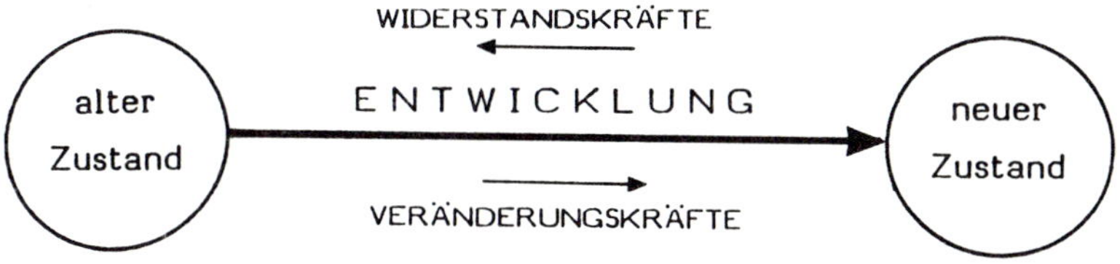

Diese grundsätzlichen Aussagen bedeuten nicht, daß

- Widerstand gegen Veränderungen immer auftreten muß
- Widerstand der betroffenen Mitarbeiter stets verständlich ist
- Widerstand dem Projektleiter nicht Ärger bereitet.

Was folgt nun aus unserer Erläuterung? Wir müssen umdenken! Wir müssen unser Verständnis von Widerstand überprüfen und möglicherweise ändern. Widerstände von Mitarbeitern gegen Veränderungen in ihrem Arbeitsbereich wurden und werden meist einseitig, negativ beurteilt: "Die verstehen eben die Zeichen der Zeit nicht" oder "Mitarbeiter sperren sich immer gegen Neuerungen, der Mensch ist nun mal von Natur aus träge". Diese Aussagen stehen stellvertretend für viele. Wer so spricht, begreift die Natur des Widerstandes und die Dynamik des Wandels nicht. Hier wird Widerstand einseitig "pathologisiert". Natürlich ist es verständlich, wenn der Projektleiter mit Zeit- und Kostendruck im Nacken auf Widerstandsphänomene nicht gut zu sprechen ist. Doch es hilft nichts, Widerstand ist nun einmal das notwendige Gegenstück zur Veränderung.

7.3.2 Veränderungsprozesse sind Austauschprozesse

Um den Hintergrund von Widerstand zu verstehen, kann man Veränderungsprozesse auch als Austauschprozesse sehen, die von einer

---

1) G. Lomnitz/1985/S. 227

gegebenen Gleichgewichtssituation über ein Ungleichgewicht einem neuen Gleichgewicht zustreben:

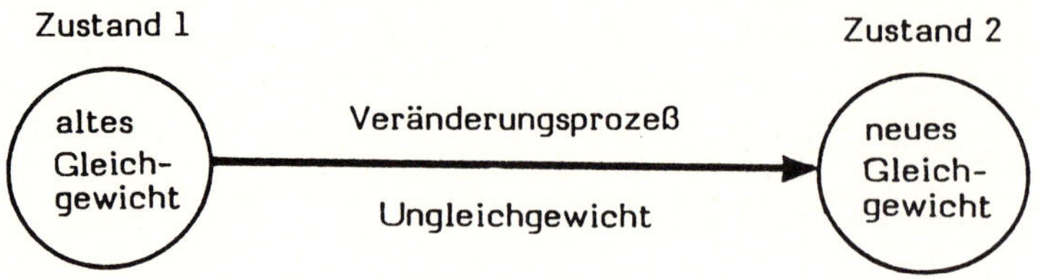

Das neue Gleichgewicht kann für den einzelnen schlechter, gleich oder besser sein als die alte Gleichgewichtssituation.

Dazu ein Beispiel: Es soll ein neues, rationeller arbeitendes Lagerverwaltungssystem eingeführt werden, das den Zukunftsaufgaben des Unternehmens entspricht. Vor dem Projekt war die Lagerverwaltung ein recht gut funktionierender Bereich. Die Abläufe waren klar. Die Mitarbeiter kannten ihren Aufgabenbereich, sie wußten, was sie zu tun hatten (Gleichgewichtssituation). Das einzuführende DV-System verlangte nun neue Abläufe und veränderte Aufgaben in den einzelnen Arbeitsbereichen. Mit dem Projekt begann eine Phase der Unsicherheit (Ungleichgewicht). Es dauerte eine gewisse Zeit, bis die neuen Aufgaben geklärt, die Mitarbeiter geschult waren und die Veränderungen akzeptiert wurden. Ein neues Gleichgewicht war hergestellt.

Sehen wir uns einmal an, welche Faktoren aus dem psycho-sozialen Bereich von Organisationen durch Veränderungsprozesse berührt werden können. Diese Faktoren müssen bei der Gestaltung des Projektdesigns berücksichtigt werden, um Widerstände zu vermeiden.

Faktoren des psycho-sozialen Bereichs
im Rahmen von Veränderungsprozessen

- Erfahrung
- Wissen
- Fertigkeiten
- Denkmuster

- Einstellungen
- Gewohnheiten
- Verhaltensweisen
- soziale Beziehungen in Gruppen
- Führungsverantwortung
- persönliche Ziele
- Zukunftsperspektiven
- Eingruppierungen, Gehalt
- Status, Prestige
- Macht

- Erfahrungen, Wissen und fachliche Qualifikation, die jahrelang zählten, können durch neue Systemlösungen im Rahmen von DV-Projekten hinfällig werden. Die neuen Abläufe müssen erst verstanden, neue Kenntnisse und Fertigkeiten erworben, andere Denkmuster entwickelt werden.

- Schwierig wird es bei der Projektrealisierung, wenn Mitarbeiter im Laufe der Jahre starre Denk-, Einstellungs- und Verhaltensmuster entwickelt haben. Dann machen die neuen Abläufe verständlicherweise Angst und es kommt zu Akzeptanzproblemen. Mitarbeiter, die über Jahre die gleiche Arbeit mit gleichen Mitteln und Abläufen machen, entwickeln nicht selten feste Bahnen, aus denen sie nur langsam herauskommen. Deshalb sollten Sie bereits bei Projektbeginn nicht nur die Altersstruktur des betroffenen Bereiches beachten, sondern sich auch die Frage stellen: "Sind die Mitarbeiter des betroffenen Bereiches Veränderungen gewohnt?" Es stellt sich doch hier die Frage, inwieweit das Unternehmen und der einzelne Mitarbeiter dafür gesorgt haben, das Lernen zu lernen, um flexibel auf Veränderungen zu reagieren.
Eine kleine Bemerkung zum "Problem der älteren Mitarbeiter" bei der Gestaltung organisatorischer Veränderungsprozesse. Es ist ganz natürlich, daß ältere Menschen, die seit 30 und mehr Jahren im Beruf stehen, häufiger Probleme mit Veränderungen - speziell mit DV-Lösungen - haben als jüngere Menschen. In schwierigen Fällen

müssen dann besondere Qualifikations- und Trainingsprogramme [1] herangezogen werden. Aus unserer Praxis erscheint uns diese Problematik jedoch nicht nur als eine Schwierigkeit der 50-jährigen, sondern wir finden starre Denk- und Verhaltensmuster auch bei jüngeren Mitarbeitern. Wir meinen, daß die häufig anzutreffende Pauschalisierung "die älteren Mitarbeiter" unangebracht ist und möglicherweise zu einer gewollten oder ungewollten sich selbst erfüllenden Prophezeihung führt. Das bedeutet dann: "Die alten Mitarbeiter begreifen das nicht mehr. Deshalb werden wir sie nicht mehr auf die neue Aufgabe hin qualifizieren." Folglich sind sie auch nicht mehr qualifiziert.

- Im Rahmen von organisatorischen Veränderungen müssen häufig liebgewonnene Gewohnheiten aufgegeben werden. Die Arbeit kann nicht mehr so eingeteilt werden, wie man das jahrelang gewohnt war. Aus der Sicht mancher Mitarbeiter sieht das so aus: "Ich muß mich jetzt dem Computer anpassen, früher konnte ich selbst entscheiden!". Gewohnheiten stellen eine starke Widerstandskraft dar. Offensichtlich brauchen wir Gewohnheiten, sie entsprechen unserem Bedürfnis nach Orientierung und Sicherheit. Das Bekannte wird bevorzugt, Neues macht unsicher. Gerade bei statisch denkenden Personen spielt das eine große Rolle. Veränderte Arbeitsabläufe, neue Bildschirmmasken können verunsichern, mag das für den DV-Profi noch so wenig nachvollziehbar sein. Dies sollten Sie als Projektleiter, dessen Aufgabe es ist zu verändern, nicht unterschätzen und deshalb rechtzeitig informieren. Gehen Sie auf die Fragen der Mitarbeiter wirklich ein, begreifen Sie sich als Problemlöser und achten Sie die Mitarbeiterqualifikation.

- Das eigene Weltbild und so manches Vorurteil will gerettet werden, um die persönliche Identität zu schützen. Für viele Menschen ist Veränderung nicht selten. bedrohlich, Zukunft mit Unsicherheit verbunden. Die Vergangenheit bietet Orientierung, da kann man sich

---

1) G. Lomnitz/1983

psychisch absichern. Daß Vergangenheit in vielen Fällen verklärt wird, gehört dazu. Wen wundert's, daß Innovationen mit dem Argument "früher war das nicht so, es ging doch auch ohne..." blockiert werden. Bitte vergessen Sie im Umgang mit solchen Argumenten nicht, daß ein geänderter Arbeitsablauf vom betroffenen Mitarbeiter auch als Kritik an seiner bisherigen Arbeit verstanden werden kann: "Bin ich denn nicht mehr gut genug?". Zweifel an der Qualität der neuen Lösung, Skepsis oder offene Ablehnung sind verständliche Reaktionen. Dies mit zu berücksichtigen heißt, den Widerstand ernstnehmen.

- Die sozialen Beziehungen, die sich im Laufe der Zeit in einer Arbeitsgruppe gebildet haben, können durch organisatorische Veränderungen in Frage gestellt oder aufgelöst werden. Die Palette der Möglichkeiten ist sehr vielfältig: "Die Kollegin, die neben mir gesessen hat, sitzt nun woanders. Mit der konnte man auch schon mal privat reden." Eine bestehende Abteilung wird aufgelöst, weil die Funktionen künftig vom Rechner erledigt werden. Die Mitarbeiter müssen woanders untergebracht werden. "Durch die neue Systemlösung haben sich unsere Arbeitszeiten verändert. Unsere Fahrgemeinschaften können wir nun in den Wind schreiben." Selbstverständlich gibt es auch positive Austauschprozesse. So sagte ein Mitarbeiter: "Ich finde die neue Lösung sehr viel interessanter, wir haben jetzt viel mehr Kontakt untereinander, denn Kommunikation war vorher kaum machbar und ist nun notwendig."

- Nicht selten verändert sich durch Reorganisationsprozesse auch der Verantwortungsbereich von Führungskräften. Seien es Entscheidungskompetenzen, die erweitert oder eingeengt werden oder auch der Verantwortungsbereich bezogen auf die Anzahl der Mitarbeiter - auf Veränderungen müssen Führungskräfte vorbereitet sein.

- Es bleibt nicht aus, daß durch organisatorische Veränderungen auch persönliche Ziele aufgegeben werden müssen. Ein Mitarbeiter des Innendienstes Vertrieb hat sich im Laufe der Zeit ein recht beachtliches Informationsmonopol aufgebaut. Er war damit

"unentbehrlich". Das Projekt VIS (Vertriebsinformations-System) konnte ihn zunächst nicht gerade begeistern. Seine "Unentbehrlichkeit" war in Frage gestellt. Er versuchte deshalb auf verschiedene Weise, das Projekt zu boykottieren.
Auch hier wieder ein positives Beispiel: Die veränderten Arbeitsabläufe machen die Arbeit der Mitarbeiter in der Verkaufsabrechnung sehr viel interessanter, abwechslungsreicher. Die Mitarbeiter der Abteilung sind sehr erfreut und arbeiten gerne im Projekt mit. Die neue Arbeit entspricht mehr ihren persönlichen Zielen.

- In positiver aber auch negativer Form können Zukunftsperspektiven einzelner Mitarbeiter durch Veränderungen tangiert werden: Aufstiegschancen, Erweiterung des Aufgabenbereichs, das Gefühl einen zukunftssicheren Arbeitsplatz zu haben, all das kann plötzlich zur Disposition stehen und Unsicherheit und Widerstand verursachen.

- Natürlich sind auch das Gehalt und die Eingruppierung in bestimmte Gehaltsgruppen Komponenten, die ggfs. verändert werden. Da die existenzielle Sicherung ein menschliches Grundbedürfnis ist, können negative Veränderungen häufig nur sehr schwer ausgeglichen werden. So ist Widerstand gegen eine drohende Entlassung, die durch Rationalisierung bedingt ist, eine sehr gesunde Reaktion. Andererseits sollte aber der Einfluß von Gehaltserhöhungen als Ausgleich zu anderen auftretenden negativen Auswirkungen nicht überschätzt werden. Mit Geld kann man nicht alles ausgleichen.

- Macht- und Statusverluste von Personen und Gruppen können ebenfalls zu Widerständen führen. In vielen Projekten sind es ja gar nicht die Sachbearbeiter - die Benutzer - die Akzeptanzprobleme haben, sondern das Management, der Gruppen- oder der Abteilungsleiter, der seine Position bedroht sieht.

In Veränderungsprozessen stehen in der Regel eine Reihe der o.a. Komponenten zur Disposition. Materielle oder auch ideelle Positionen müssen aufgegeben werden, um etwas anderes - noch Unbekanntes - zu bekommen. Das alte Gleichgewicht wird im Rahmen des Austauschprozesses zerstört und ein neues Gleichgewicht entwickelt. Wir können auch sagen, daß bestehende "Verträge" (gemeint ist nicht nur der juristische Vertrag) aufgelöst werden. "Damit Veränderung akzeptiert wird, muß im übertragenen Sinne ein neuer Vertrag zwischen den Parteien ausgehandelt werden. Dieser Vertrag klärt, was der einzelne materiell, sozial oder psychisch gewinnt und welchen Preis er dafür zu zahlen bereit ist. Oft fühlen sich Mitarbeiter über die tatsächliche und psychologische 'Gewinn- und Verlustrechnung' im Unklaren und im Zweifel eher auf der Verlustseite[1])." Akzeptanzprobleme sind die Konsequenz.

7.3.3 Was sind die Gründe für Widerstand?

Sehen wir Veränderungsprozesse als Austauschprozesse, so können wir mehrere Gründe für Widerstand erkennen:

1. Widerstand richtet sich gegen die Projektergebnisse. Der einzelne Mitarbeiter "verliert" etwas durch die Veränderung.
2. Widerstand entsteht durch die Art und Weise der Projektdurchführung (Projektverlauf). In der Phase der Veränderung erhält der Betroffene nicht die erforderliche Unterstützung, die ihm über die Unsicherheit hinweg hilft. Er fühlt sich uninformiert, übergangen. Das verunsichert und kränkt ihn. Dies ist unabhängig von den Projektzielen, der Widerstand richtet sich gegen die Art und Weise der Veränderung.
3. Der Widerstand ist persönlichkeitsbedingt zu erklären. Es gibt Menschen, die aufgrund ihrer Persönlichkeitsstruktur Veränderungen ablehnend, skeptisch gegenüberstehen.
4. Widerstand tritt durch negative Erfahrungen in früheren Projekten auf.

Sehen wir uns die Gründe im einzelnen an.

---

1) Braune-Krickau/o.J./S. 2

Zu 1. Widerstand gegen Projektergebnisse

Durch Veränderungsprozesse treten immer wieder Situationen auf, wo zugunsten des Gesamtinteresses einer Unternehmung Mitarbeiter ideelle oder materielle Positionen aufgeben müssen und kein Äquivalent erhalten. Ihre persönliche Situation ist also nach der Veränderung schlechter als vorher. Sie haben weniger Verantwortung, schlechtere Arbeitsbedingungen oder gar den Arbeitsplatz verloren. Verdeckter oder offener Widerstand ist dann eine natürliche, völlig verständliche Folge.

Zu 2. Widerstand auf Grund der Art und Weise der Projektdurchführung

Projekte sind für die betroffenen Mitarbeiter eine Phase der Unsicherheit: Erst wenn das Projekt abgeschlossen ist, werden sie tatsächlich wissen, was die neue Situation bringt. Die Unsicherheit ist umso größer, je unklarer die Zielvorstellungen sind. In Projekten oder in den Anfangsphasen von Projekten, wo das Ergebnis nicht vorhersehbar ist, kann ein hohes Maß an Unsicherheit herrschen. Für viele ist diese Unsicherheit nur schwer zu akzeptieren. Sie reagieren mit Widerstand.

In vielen Projekten wird diese Unsicherheit verstärkt, denn:

- Die betroffenen Mitarbeiter wissen zuwenig über die Ziele und Hintergründe des Projektes. Es fehlt einfach die Transparenz, eine Begründung für die geplante oder bereits realisierte Veränderung ist nicht erfolgt.
- Die Betroffenen werden zu wenig über den Stand des Projektes aufgeklärt, die Informationen sind unbefriedigend. Dies gilt sowohl für Sachfragen (bekommt jeder Mitarbeiter künftig einen Bildschirm oder müssen zwei Kollegen sich einen Bildschirm teilen?) als auch für Fragen der Vorgehensweise im Projekt: Wie oft werden Mitarbeiter und in welcher Weise über den jeweiligen Stand des Projektes informiert?
- Die Informationen sind den betroffenen Mitarbeitern unklar, es bestehen also Kommunikationsprobleme. Als Sitzungsteilnehmer haben wir häufig beobachtet, wie schwer es ist,

relativ einfache Sachfragen zwischen einem Fachbereich und dem ORG/DV-Bereich zu klären. Dafür gibt es wie in Kapitel 5 beschrieben unterschiedliche Gründe: Fachausdrücke, Abkürzungen oder andere Denkweisen. Unklare Informationen führen nicht nur zu Verwirrung und zu Gerüchten, sondern können auch so interpretiert werden, daß die "Herren Systemanalytiker wohl zu fein sind, in unsere Alltagsprobleme herunterzusteigen". Dagegen wehrt sich mancher und es entstehen Mauern.

- Die Bedürfnisse des Fachbereichs werden nicht ausreichend berücksichtigt. So traten in einem Projekt erhebliche Akzeptanzprobleme auf, weil auf das Alltagsgeschäft der Abteilung zu wenig Rücksicht genommen wurde. Die Mitarbeiter der Fachabteilung sollten während der Hochsaison auf das neue System vorbereitet und geschult werden. Besonders problematisch dabei war, daß das Management des Fachbereichs sich nicht in der Lage sah, gegen diesen Plan zu intervenieren. So wehrten sich die Mitarbeiter und das Management auf ihre Weise: Die Lösung wurde kritisiert und ständig Sonderwünsche angemeldet, "denn so können wir nicht damit arbeiten!".

- Die rechtzeitige und umfassende Qualifikation der betroffenen Mitarbeiter fehlt. Dadurch entstehen bei Mitarbeitern verständlicherweise Ängste, den neuen Anforderungen nicht zu entsprechen. Der Projektleiter sollte zu einem möglichst frühen Zeitpunkt des Projektes genau prüfen, ob bei den Mitarbeitern diese Befürchtung besteht und möglichst frühzeitig die Ausarbeitung einer Soll-Qualifikation mit den Mitarbeitern des Fachbereichs in Angriff nehmen.

- Häufig entstehen Befürchtungen ohne eine wirklich reale Grundlage, sondern auf der Basis von Phantasien und Spekulationen. Doch auch die gilt es als einen Teil der Realität zu berücksichtigen. Es ist daher sinnvoll, den Mitarbeitern frühzeitig das Qualifikationskonzept vorzustellen, um ihnen Orientierung und Sicherheit zu geben.

- Die Betroffenen werden zu wenig am Entscheidungsprozeß beteiligt. Der Wunsch nach Partizipation ist da, findet aber keine Berücksichtigung. Stattdessen werden alle Entscheidungen des Projektes vom Management hierarchisch gefällt und nach unten durchgesetzt. Die Folge ist häufig Widerstand in Form von Resignation und Desinteresse, weil die Gestaltungsmöglichkeiten und Mitwirkungswünsche der Menschen nicht berücksichtigt werden. Partizipation ist ein Schlüsselbegriff der Akzeptanzfrage. Partizipative Vorgehensweise verlangt offene Information. Die Hintergründe des Projektes, der Sinn und das Warum, müssen klar und konkrete Möglichkeiten zur Mitwirkung gegeben sein. Das alles funktioniert nicht von heute auf morgen, sondern es verlangt einen schrittweisen Lernprozess von Menschen, Gruppen und Organisationen. Im nächsten Kapitel werden wir auf das Thema Partizipation genauer eingehen.

- Nicht zuletzt kann auch der Projektleiter selbst - seine Einstellung, sein Verhalten und sein Arbeitsansatz - eine Quelle für Widerstand sein. Ein Projektleiter, der nicht ernsthaft bereit ist, auf die Einwände der Benutzer einzugehen und Einwände als lästiges Laiengerede bewertet, sollte sich nicht wundern, wenn er Widerstand produziert. Natürlich wird er dies nicht laut äußern. Sie sollten jedoch die Sensibilität von Menschen nicht unterschätzen. Wir spüren meist sehr genau, ob uns jemand akzeptiert und ernst nimmt.

- Besonders wichtig erscheint es uns, auf ein Spannungsfeld zwischen Veränderern und den von der Veränderung Betroffenen einzugehen. Im Rahmen von Projektberatungen stoßen wir auf Aussagen von Fachabteilungen:

  "Der ORG/DV-Bereich versteht zu wenig unsere Aufgaben, die müßten sich mal in unsere Lage versetzen. Das Projekt ist schön und gut, wir sind ja auch bereit mitzuarbeiten, aber der Vorstand verlangt vor allem die vierteljährliche Kostenübersicht. Das geht vor und beides zusammen geht nun mal nicht. Aber das ist denen ja egal." Aus Sicht des

Projektleiters sieht das anders aus, denn seine primäre Aufgabe besteht schließlich darin zu verändern.

Dieses Spannungsfeld, das sich aus den unterschiedlichen Aufgabenstellungen ergibt, wird bleiben. Der Projektleiter ist aber gut beraten, wenn er in Gesprächen mit dem Fachbereich zu verstehen gibt, daß er die Situation der Kollegen begreift. Geht er nicht darauf ein, so besteht die Gefahr, daß die Mitarbeiter des Fachbereichs sich nicht akzeptiert fühlen und ihn und die Projektziele ebenfalls nicht akzeptieren.

Zu 3. Persönlichkeitsbedingter Widerstand

Schließlich müssen wir auch noch erkennen, daß Menschen unterschiedlich auf Veränderung reagieren: Der eine freut sich, weil er Chancen für sich sieht, der andere neigt dazu, am Gewohnten festzuhalten und befürchtet bei jeder Veränderung einen Verlust. Auch darauf müssen Projektleiter im gewissen Rahmen Rücksicht nehmen und diese Verhaltensweisen in ihre Projektstrategie einbeziehen, indem Sie beispielsweise eine besonders intensive, stufenweise Information und Schulung einplanen.

Zu 4. Widerstand auf Grund negativer Erfahrungen

Negative Erfahrungen in anderen Projekten können ebenfalls Ursache für Widerstände in einem neuen Projekt sein. Nicht eingehaltene Zusagen in einem alten Projekt können sich als kostspieliger Bumerang im Projekt erweisen. Deshalb sollten Unternehmen nach der Maxime arbeiten: "Soziale Folgekosten sind auch Projektkosten!". Diese Aussage sollte jedem Projektleiter bewußt sein.

7.3.4 Wie gehe ich als Projektleiter mit Widerstand um?

Wie wir bereits erwähnt haben, kann man Widerstand nicht grundsätzlich verhindern. Ein Projektleiter kann jedoch

- versuchen, den Widerstand möglichst gering zu halten
- und dem entstandenen Widerstand situativ richtig zu begegnen.

Beim Umgang mit Widerstand gilt es, eine Grundregel zu beherzigen:

Nehmen Sie den Widerstand ernst, nicht gegen den Widerstand, sondern mit dem Widerstand arbeiten! Versuchen Sie, die Botschaft des gezeigten Widerstandes zu verstehen, ermitteln Sie die Ursachen, und entwickeln Sie situationsgerechte Lösungen.

Mitarbeiter, die Widerstände im Rahmen eines Projektes zeigen, sollten nicht von vornherein als Querulanten bezeichnet werden. Man kann ihr Verhalten auch anders sehen: Sie sind Symptomträger eines Problems, die besonders deutlich ihre Sorgen artikulieren, häufig stellvertretend für andere, die ihren Unmut unterschwellig mit sich herumtragen. Diese Sichtweise bietet Ihnen Chancen, Fehlentwicklungen rechtzeitig zu erkennen und abzustellen.

Um Widerstände wirksam abbauen zu können, müssen wir die jeweiligen Ursachen und Hintergründe genauer kennen und verstehen. Analysieren Sie daher die Ursachen gründlich. Zu oft bleiben solche Analysen an der Oberfläche, am Symptom hängen. Die tieferliegenden Ursachen werden nicht erkannt. Vermeiden Sie diesen Fehler,

trennen Sie Symptome und Ursachen!

An einem Beispiel wollen wir diesen Hinweis erläutern:

In der ersten Sitzung des Projektteams stößt der Projektleiter bereits auf Barrieren. Die Mitarbeiter aus den beiden betroffenen Fachabteilungen sind sehr schweigsam und reserviert. Dieses Verhalten setzt sich auch in den nächsten Sitzungen fort, obwohl der Projektleiter versucht hatte, das

Klima lockerer zu gestalten. Auf die Frage des Geschäftsführers, welche Begründung er für dieses Verhalten vermute, antwortete der Projektleiter: "Die sind nicht motiviert." Der Geschäftsführer stimmte ihm zu und gab seine "Erklärung" für die Ursache: "Die haben kein Interesse, am Projekt mitzuarbeiten." Erklärt wird damit überhaupt nichts, denn beide beschreiben lediglich die Symptome mit unterschiedlichen Worten.

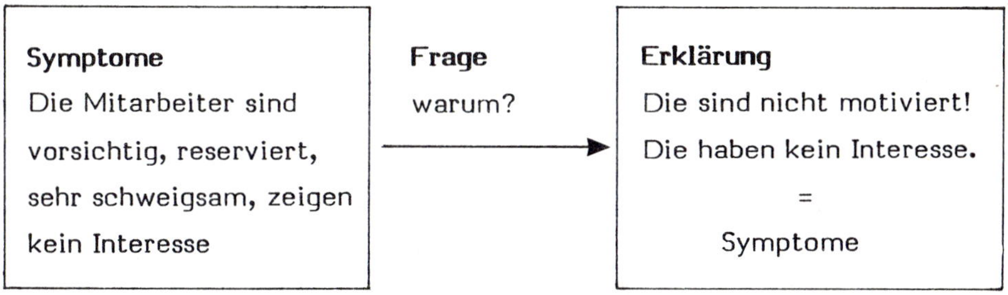

Bei der tiefergehenden Analyse des Problems stellte sich folgendes heraus: In den beiden Abteilungen wurden "Gerüchte gehandelt", daß künftig beide Abteilungen zusammengelegt würden und vier Mitarbeiter ihren Arbeitsplatz verlieren. Dieses Gerücht entsprach in keiner Weise den Plänen.

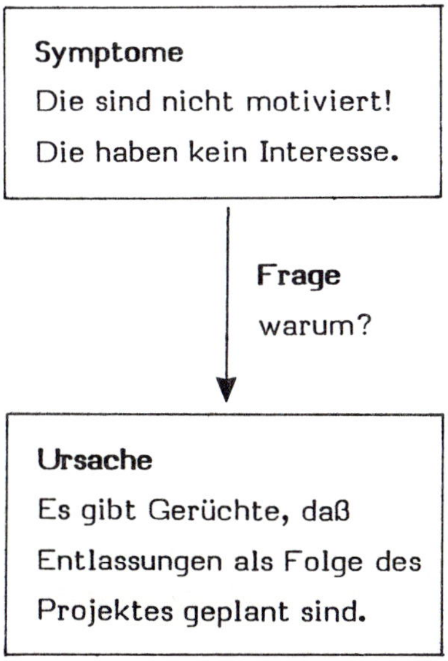

Im Rahmen einer Analyse des Widerstandes sollten Sie genau prüfen, wogegen sich der Widerstand richtet:

1. Richtet er sich gegen die Projektergebnisse? Die Mitarbeiter befürchten, durch die Veränderung negativ betroffen zu sein. Mit der folgenden Checkliste können Sie einschätzen, welche Veränderungen Sie für die Mitarbeiter erwarten. Sie können sich so das Ausmaß der Veränderung besser bewußt machen. Sofern die Ergebnisse des Projektes noch nicht klar abschätzbar sind, stellen Sie Vermutungen an. Sie können sicher sein, daß dies die Betroffenen auch machen. Ziel der Checkliste ist es, die Dimensionen der Veränderungen systematisch zu erfassen und so Verständnis für die Betroffenen zu bekommen. Das brauchen Sie, um eine angemessene Vorgehensweise im Projekt zu entwickeln oder - sofern das möglich ist - einen Ausgleich für zu starke, negative Veränderungen zu erarbeiten.

2. Richtet sich der Widerstand gegen die Art und Weise der Projektdurchführung?

   - Mangelnde Information und Transparenz ist in vielen Fällen ein Kernproblem. Eine gute Informationspolitik ist von besonderer Bedeutung für den Erfolg des Projektes. Hier hat der Projektleiter und natürlich auch das gesamte Management eine besondere Verpflichtung und Verantwortung gegenüber den Mitarbeitern und dem Unternehmen.
     Bei der Mitarbeiterinformation sollte der Projektleiter folgende Dimensionen berücksichtigen:

     a) Sorgen Sie für Transparenz.
        Der Sinn eines Projektes, der Hintergrund für diese Maßnahme muß den Betroffenen klar sein.
     b) Die Mitarbeiter müssen über Sachfragen informiert werden.
     c) Die Mitarbeiter müssen über die Vorgehensweise unterrichtet sein.

Checkliste zur Feststellung von Veränderungen durch Projektergebnisse

Im Rahmen des Projektes .... vermute(n) ich/wir folgende Veränderungen (V)
Im Rahmen des Projektes .... weiß ich von folgenden Veränderungen (K)
(V = Vermutung; K = Kenntnis)

für Betroffene	schlechter	gleich	besser (V/K)	Begründung der Einschätzung
verändert werden Erfahrungen				
Wissen				
Fertigkeiten				
Gewohnheiten				
Verhaltensweisen				
soziale Beziehungen zwischen Gruppen				
die Führungsverantwortung				
persönliche Ziele				
Denkmuster				
Einstellungen				
Zukunftsperspektive				
Eingruppierung, Gehalt etc.				
Status, Prestige				
Macht				

Zu einer guten Information gehören

- klare, verständliche Information
- umfassende, offene Information:
  Stellen Sie positive und negative Auswirkungen des Projektes offen dar
- rechtzeitige Information:
  Gerüchte können vermieden werden, wenn frühzeitig informiert wird.

Dimensionen der Informationspolitik in Projekten

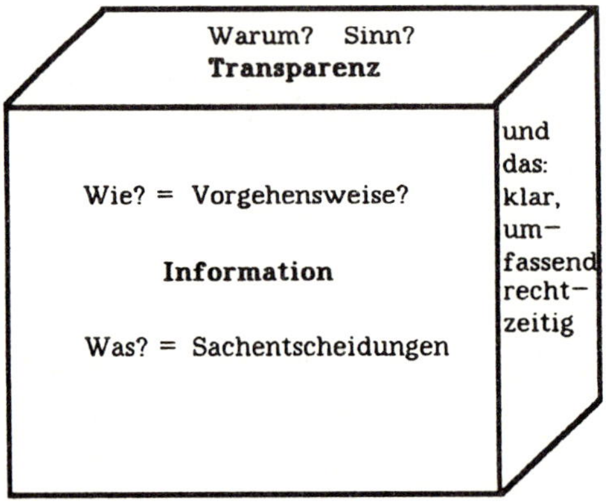

- Bedürfnisse des Fachbereichs wurden nicht berücksichtigt. Haben Sie an bestimmten Stellen Bedürfnisse des Fachbereichs ohne ausreichende Begründung übergangen? Falls die Berücksichtigung der Bedürfnisse tatsächlich nicht möglich ist, sollten Sie die Kollegen des Fachbereichs darüber aufklären, auch wenn dies nicht immer leicht fällt.
- Mangelndes Qualifikationskonzept.
  Rechtzeitige und umfassende Qualifikation der Mitarbeiter hilft, Akzeptanz zu erreichen. Bei umfassenderen Veränderungsprojekten sollten die Mitarbeiter folgende Fragen verstehen:

a) Wie haben wir bisher gearbeitet? (alter Zustand)
b) Wie arbeiten wir künftig? (neuer Zustand)
c) Warum hat sich das verändert? (Transparenz)
d) Wie sieht die Zukunft der Abteilung aus? (Transparenz, Perspektive)
e) Was muß der einzelne neu lernen? (Qualifikationsanforderungen)
f) In welchen Schritten geschieht das? (Vorgehensweise)

Sind im Rahmen eines Projektes "ältere Mitarbeiter" betroffen und werden Probleme bei der Neuqualifikation erwartet, so sollte eine besondere Qualifikationsmaßnahme entwickelt werden.[1)]

- Mangelnde Beteiligung weckt Widerstand.
  In Kapitel 8. machen wir einige Vorschläge zum partizipativen Projektdesign. Beteiligung und Mitwirkung bilden in vielen Fällen <u>die</u> Möglichkeit, Akzeptanz sicherzustellen.

- Mangelnde Akzeptanz des Projektleiters.
  Für diese Problematik können wir verständlicherweise keine konkreten Problemlösungen anbieten. Wir raten Ihnen aber, regelmäßig Ihr eigenes Verhalten einer kritischen Selbstanalyse zu unterziehen.

- Negative Erfahrungen aus alten Projekten. Bereinigen Sie die alten Konflikte, indem Sie darüber noch einmal untereinander reden.
  Gehen Sie gemeinsam mit den Betroffenen diese Erfahrungen durch. Legen Sie dann gemeinsam Regelungen und Vorgehensweisen fest, die eine Wiederholung dieser Erfahrungen verhindern. Auf diese Weise schaffen Sie eine Vertrauensbasis, die Sie mit der Einhaltung der Vereinbarungen weiter ausbauen.

---

1) G. Lomnitz, 1983

7.4 Hinweise und praktische Tips, Merkblätter und Checklisten

Aus unseren Ausführungen zum Widerstand lassen sich eine Reihe von Hinweisen und Regeln ableiten, die Ihnen in der Praxis behilflich sein können.

- Im Rahmen der Projektarbeit sollte stets nach der Maxime gearbeitet werden: soziale Folgekosten sind Projektkosten. Die Projekte sind so zu gestalten, daß soziale Folgekosten nicht auftreten oder möglichst klein gehalten werden. Soziale Folgekosten können sein: Das Klima in der Abteilung verschlechtert sich, die Mitarbeiter resignieren, gute Mitarbeiter verlassen die Firma, Produktivität und Qualität der Arbeit können sinken.

- Akzeptanzprobleme der Mitarbeiter sind Probleme des Unternehmens. Es entstehen Kosten, die Produktivität kann sinken, die Zufriedenheit der Mitarbeiter nimmt ab. Das alles ist nicht im Sinne des Unternehmens.

- Nehmen Sie den Widerstand ernst: Gehen Sie auf die Einwände und Fragen der betroffenen Mitarbeiter ein. Arbeiten Sie nicht gegen den Widerstand, sondern mit dem Widerstand. Das bedeutet für Sie: Versuchen Sie die Botschaft des Widerstandes zu verstehen, forschen Sie nach den Ursachen, entwickeln Sie Lösungsvorschläge. Das geschieht meist am besten mit den Mitarbeitern, die Akzeptanzprobleme haben.

- Sehen und hören Sie die Appelle der Mitarbeiter. Der Widerstand kommt nicht aus heiterem Himmel, plötzlich und unvorhersehbar. Es gibt in der Regel viele kleine Appelle: Man hält sich zurück oder man stellt immer wieder die gleichen Fragen, um sich abzusichern. Achten Sie z.B. in Besprechungen auf die Körpersprache, denn oft werden Einwände nicht verbal ausgedrückt.

- Bleiben Sie nicht am Symptom hängen: Trennen Sie Symptome und Ursachen, versuchen Sie - am besten gemeinsam mit den Betroffenen - die Frage zu klären: Warum treten Akzeptanzprobleme auf?

Arbeitsblatt:

Kraftfeldanalyse

Mit Hilfe der Kraftfeldanalyse können Sie die Ausgangssituation eines Veränderungsprozesses analysieren, um sich mögliche Widerstände vor Augen zu führen. Bei Veränderungen im Unternehmen gibt es oft Pro- und Kontrakräfte, die mit Hilfe der Kraftfeldanalyse erfaßt werden. Bei der Analyse der Ausgangssituation stellen sich die Fragen:

a) Welche Kräfte wirken als Pro-Kräfte? (für die Veränderung)

b) Welche Kräfte wirken als Kontra-Kräfte? (Widerstandskräfte)

Die einzelnen Kräfte können nach ihrer Stärke geordnet werden. Bei diesen Kräften kann es sich sowohl um Personen als auch um personenunabhängige Faktoren handeln, beispielsweise die momentane wirtschaftliche Situation des Unternehmens.

K R A F T F E L D A N A L Y S E

PRO-KRÄFTE	KONTRA-KRÄFTE

1. ....

2. ....

3. ....

4. ....

5. ....

Arbeitsblatt:

Schätzen Sie den Informationsgrad und den Grad der Akzeptanz ein

Um Widerstände zu vermeiden, ist es hilfreich, wenn Sie sich

a) den Informationsgrad bei den Betroffenen und Beteiligten
b) den Akzeptanzgrad bei den Betroffenen und Beteiligten

im Rahmen des Projektes vergegenwärtigen.
Das können Sie sowohl alleine als auch mit anderen zusammen machen.

Veränderung	bekannt	unbekannt	anerkannt	nicht anerkannt
Sinn, Hintergründe des Projektes				
einzelne Maßnahmen des Projektes				
Vorgehensweise				
Zeitrahmen				
wirtschaftliche Rahmenbedingungen				
Qualifikations-anforderungen				

8 Partizipation in Veränderungsprozessen

8.1 Ziele des achten Kapitels

Partizipation - ein Schlagwort, über das bereits viel geschrieben wurde. Wir möchten in diesem Kapitel dennoch kurz darauf eingehen, weil unserer Meinung nach Partizipation, Kommunikation und Kooperation eng miteinander verknüpft sind.

Was bedeutet Partizipation eigentlich? Um es auf eine kurze Formel zu bringen, unter Partizipation verstehen wir:

"Betroffene zu Beteiligten machen!"

Dazu müssen entsprechende Voraussetzungen in der Unternehmung gegeben sein, wie

- ein entsprechendes, die Beteiligung und Zusammenarbeit förderndes Betriebsklima
- und die erforderlichen strukturellen Voraussetzungen, z.B. Gremien der Projektorganisation oder Kompetenzen.

Ohne diese Voraussetzungen kann das in diesem Buch vorgestellte "handwerkliche Rüstzeug" des Projektleiters zur Förderung der Kommunikation und Kooperation nutzlos sein. Wir wollen die Bedeutung an einem Beispiel verdeutlichen: Ein Projektleiter ist geübt und erfolgreich in der Anwendung von Gesprächsführungs- und Gruppenarbeitstechniken. Er wechselt die Unternehmung und bemerkt mit der Zeit, daß seine Bemühungen erfolglos bleiben. Trotz aller Bereitschaft und Qualifikation wird er vom Fachbereich abgelehnt! Der Hintergrund des Mißerfolges: man sah seine Art, auf Mitarbeiter einzugehen, sie zu fragen und zur Beteiligung zu ermuntern, als eine geschickte Art an, andere auszuhorchen, zu benutzen. "Alles Taktik!" war die Devise vieler Mitarbeiter, die damit zeigten, woran es eigentlich lag: In dieser Firma war man das Taktieren gewohnt und hatte jegliches Vertrauen in die Möglichkeit zur Zusammenarbeit verloren. Die Voraussetzungen für die von uns vorgestellten Techniken und Regeln zur Gesprächsführung und Gruppenarbeit waren also nicht gegeben.

Damit die soziale Kompetenz und Führungsfähigkeit des Projektleiters ihre Wirkung vollständig entfalten kann, muß Partizipation ein anerkanntes Ziel in der Unternehmung sein. Wir erläutern Ihnen daher in diesem Kapitel, wie Partizipation in Ihrer Unternehmung eingeführt bzw. intensiviert werden kann, welche Hintergründe und organisatorischen Aspekte zu beachten sind.

Ziele dieses Kapitels:

Wir wollen folgende Fragen beantworten:

- Was sind die Probleme der Partizipation?
- Warum Partizipation?
- Welche Partizipationsformen gibt es im Rahmen von Projektarbeit?
- Wie führt der Projektleiter Partizipation ein und wie kann er sie verstärken?
- Wie kann Partizipation organisatorisch in der Unternehmung verankert werden?

8.2 Probleme der Partizipation

Der Wunsch, Betroffene in die Projektarbeit einzubeziehen, ist bei vielen Verantwortlichen in Unternehmungen zu finden. In den Realisierungsversuchen zeigt sich dann, wie schwierig die Umsetzung des Wunsches letztendlich sein kann.

Aus unserer Praxis wissen wir, daß häufig insbesondere die Alltagsprobleme partizipative Systementwicklung erschweren. Nicht zufriedenstellend geklärte Fragen sind:

- Im Fachbereich arbeiten zu viele Mitarbeiter, um alle zu beteiligen. Es stellt sich für die Projektverantwortlichen die Frage, wie trotzdem eine ausreichende Beteiligung sichergestellt werden kann.
- Die Mitarbeiter des Fachbereichs sind überlastet. Der Leiter des Bereichs sieht sich nicht in der Lage, einen Mitarbeiter oder eine geeignete Anzahl von Mitarbeitern für das Projekt freizustellen; auch die Mitarbeiter selbst sehen auf Grund ihres Tagesgeschäfts keine Möglichkeit, aktiv im Projekt mitzuwirken.
- Im Fachbereich sind keine Mitarbeiter, die die Qualifikation haben, in solchen Projekten mitzuarbeiten, indem sie z.B. ihre Arbeit strukturiert beschreiben oder sogar Verbesserungsmöglichkeiten aufzeigen.
- Der ORG/DV-Bereich wird als Dienstleister gesehen, der "gefälligst" "seine" Arbeit alleine verrichten soll. Der Fachbereich sieht sich nur als Nutzer und Prüfer der Arbeit. Mitwirkung wird daher generell abgelehnt.
- Die Mitarbeiter haben ein grundsätzliches Desinteresse vielleicht auf Grund negativer Erfahrungen.
- Partizipationsbedürfnisse werden blockiert, indem beispielsweise das Management die Einbeziehung von Mitarbeitern aus dem Fachbereich untersagt.

8.3 Was ist Partizipation und woran muß ich bei der Einführung denken?

8.3.1 Warum ist Partizipation anzustreben?

Im Kapitel 1 und 2 haben wir unsere Vorstellung von organisatorischen Veränderungen und ganzheitlich-situativer Projektarbeit geschildert. Daraus resultiert unser Plädoyer für Partizipation:

- Partizipation entspricht den humanen und demokratischen Grundsätzen in unserer Gesellschaft. Durch Mitsprache und Mitentscheidung wird den Mitarbeitern gezeigt, daß sie als Menschen mit entsprechenden Bedürfnissen ernst genommen werden.

- Durch Partizipation wird das Verantwortungsgefühl der Betroffenen angesprochen und somit erreicht, daß sie sich für die erarbeitete Lösung einsetzen.
- Benutzer, Betroffene sind die Experten ihrer Probleme. Partizipation verhilft zu praxisgerechten Lösungen. Die Mitarbeiter des Fachbereichs können einerseits die Informationen einbringen, die erforderlich sind, um Sachlösungen zu entwickeln. Sie können andererseits die Realisierbarkeit überprüfen und geeignete Durchsetzungsmaßnahmen vorschlagen.
- Partizipation fördert Lernprozesse des einzelnen und von betrieblichen Gruppen. Darauf ist jedes Unternehmen angewiesen.

Somit kann sich Partizipation sowohl auf die sachliche Gestaltung einer Veränderung wie auch auf die emotionale Situation der Betroffenen positiv auswirken. Wir sind der Meinung, daß Mitwirkung nicht als "Verkaufsmasche" gesehen werden sollte, um kritische Veränderungen schneller über die Bühne zu bringen. Nur echte Partizipation kann ein konkreter Beitrag zur Wirtschaftlichkeit und Risikominderung von Projekten darstellen.

8.3.2 Es gibt nicht "die" Partizipation!

Die Beteiligung von Mitarbeitern im Rahmen der Projektarbeit fällt in der Praxis sehr unterschiedlich aus. Die Qualifikation der Beteiligten, der Termindruck, die Beteiligungswünsche der Betroffenen, die "Spielregeln" in den Unternehmungen führen zu großen Unterschieden von Projekt zu Projekt, von Unternehmung zu Unternehmung. Machen wir uns die Spannbreite, wie Partizipation ausschauen kann, deutlich.

Drei Aspekte machen insgesamt den Beteiligungsgrad aus: [1)]

a) Wie intensiv sind Mitwirkungs- und -entscheidungsmöglichkeiten?
b) Gibt es eine persönliche oder eine repräsentative Mitwirkung/Mitentscheidung?
c) In welcher/welchen Phase(n) erfolgt die Beteiligung?

---

1) Heilmann/1981/S. 124ff

Zu a) Wie weitgehend sind Mitwirkungs- und -entscheidungsmöglichkeiten?

Die Spannbreite reicht von:

- keine Rechte, d.h., die Betroffenen werden über die Projektarbeit weder informiert, noch haben sie die Möglichkeit mitzuwirken
- Information zu Beginn und/oder im Laufe des Projekts
- Berücksichtigung von Meinungen
- Mitentscheidung
- autonomes Design, d.h. Gestaltung und eigenverantwortliche Entscheidung durch den Benutzer
  Dazu ein Beispiel: Ein Fachbereich entscheidet sich bei einer bestimmten Aufgabe für den Einsatz von Personal-Computer. Sie entwickeln ihre Programme dafür vollkommen selbständig.

Zu b) Gibt es eine persönliche oder repräsentative Beteiligung?

- Persönliche Beteiligung bedeutet, daß jeder Betroffene mitwirken darf bzw. zumindest informiert wird, entsprechend den Möglichkeiten unter a).

- Repräsentative Mitwirkung ist eine indirekte Form der Beteiligung. Dabei können die Betroffenen selber ihre Vertreter bestimmen oder diese werden vom Management ausgewählt. Auswahlkriterien können sein:
  - fachliche Qualifikation (Experte),
  - soziale Kompetenz (Fähigkeit zur Teamarbeit in Projekten),
  - der akzeptierte Sprecher einer Gruppe.

  Es stellt sich auch die Frage, auf welcher Ebene die Auswahl erfolgt: Ist z.B. eine ganze Abteilung betroffen, werden dann aus der Gesamtabteilung ein oder mehrere Mitarbeiter ausgesucht oder erfolgt dies auf der Gruppenebene, muß also jede Gruppe im Projektteam vertreten sein?

Zu c) <u>In welchen Phasen erfolgt die Beteiligung?</u>

In vielen Unternehmungen gibt es standardisierte Vorgehensweisen für den Projektablauf, sogenannte Phasenschematas. Dabei wird ein Projekt eingeteilt in Phasen wie:

- Voruntersuchung
- Planung
- Realisierung
- Einführung
- (Betrieb)

Die Beteiligung kann nun in allen oder nur in ausgewählten Phasen erfolgen. Sie kann sich auch von Phase zu Phase unterscheiden: So wirkt zum Beispiel in der Voruntersuchung, Planung und Einführung der Fachbereich konkret mit; in der Realisierungsphase wird er nur über den Stand der Arbeiten informiert.

8.3.3 Voraussetzungen zur Partizipation

Wenn Partizipation so eindeutig sinnvoll zu sein scheint, warum setzen wir es nicht einfach in den Projekten um? Im Kapitel 8.2 haben wir pragmatische Fragen dargestellt, die dazu führen können, daß die Einbeziehung von Arbeitnehmern bei der Gestaltung ihrer Arbeitsplätze scheitert oder nur unbefriedigend gelöst werden. Was die entscheidenden Schwierigkeiten bei der Beteiligung der tatsächlich betroffenen Arbeitnehmer ausmacht, sind aber wohl letztlich nicht nur diese pragmatischen Fragen. Im Hintergrund stehen zwei brisante Themen, die sozial und politisch von weitreichender Bedeutung für das Unternehmen sind:

a) Was bedeutet Partizipation für die Machtverhältnisse in der Unternehmung?

b) Wie verändert Partizipation bestehende Wertvorstellungen in der Unternehmung?

Denn wie leicht oder schwer die Durchsetzung partizipativen Handelns in der Organisation einem Projektleiter gemacht wird, ist in starkem Maße auch eine Frage nach dem politischen und gesellschaftlichen Standpunkt, den Entscheidungsträger einnehmen. Fehlt das Verständnis auf höherer Ebene, wird sich der einzelne Projektleiter vergeblich um befriedigende stabile Lösungen zu den o.a. Problemen der Beteiligung bemühen.

Auf der anderen Seite können natürlich ebenso das Bewußtsein und die Qualifikation der Mitarbeiter ein Hindernis für eine intensive Beteiligung sein. Damit wird deutlich, daß Partizipation nur auf dem Boden eines entsprechenden Führungsstils und mit dem Willen der betroffenen Mitarbeiter erfolgen kann. Fehlt die eine oder andere Voraussetzung, wird ein Projektleiter mit "partizipativen Ambitionen" sehr bald resignieren oder zumindest mit großen Schwierigkeiten rechnen müssen. Partizipation kann demnach nicht ohne weiteres in jedem Projekt, jeder Unternehmung, in einzelnen Bereichen kurzfristig eingeführt bzw. intensiviert werden, auch wenn der Projektleiter und die Verantwortlichen dazu bereit sind. Jeder, der sich überlegt, mehr Mitwirkung und -entscheidung durch die Betroffenen zuzulassen, sollte sich im klaren sein, daß es dazu möglichst einer mit allen Verantwortlichen abgestimmten Strategie bedarf. Dies wird notwendig, weil eine Veränderung im Partizipationsgrad eine Bewußtseins- und Verhaltensänderung voraussetzt, die nur durch - unterschiedlich lange - Lernprozesse erreicht werden kann. Diese Lernprozesse müssen auf drei Ebenen erfolgen:

a) Gesamtorganisation
b) ORG/DV-Bereich
c) Individuum.

Zu a):

Auf der Ebene der Gesamtorganisation muß eine Veränderung des Beteiligungsgrades von allen Verantwortlichen bis hin zum Vorstand oder zur Geschäftsführung mitgetragen werden. Denn: Eine Veränderung der Beteiligung beruht auf veränderten Wertvorstellungen, die wiederum veränderte Führungs- und Verhaltensformen erfordern. Dies stellt sicher, daß keine "Partizipations-Inseln" geschaffen werden, die sich im letzten Moment, z.B. in kritischen Projektphasen, doch nicht als tragfähig erweisen.

Wir wollen das an einem Beispiel verdeutlichen: In einer großen, autoritär geführten Unternehmung hat ein Projektleiter versucht, den betroffenen Fachbereich stark in das Projekt einzubinden, weil er persönlich von partizipativer Systementwicklung überzeugt ist. Einzelne Mitarbeiter des Fachbereichs hatten die Möglichkeit, Entscheidungen zu treffen. Der Projektverlauf wurde vom Management sehr kritisch verfolgt. Die Mitarbeiter wurden dadurch zusehends unsicherer und waren zuletzt fast entscheidungsunfähig. Dadurch kam das Projekt mehr und mehr in Zeitnot. Das Management des Fachbereichs zog daraufhin die Mitarbeiter aus dem Projekt zurück, mit dem Hinweis, daß es ja ohnehin Aufgabe der Systementwickler sei, das System zu entwickeln. Das Projekt wurde dann in der für die Unternehmung üblichen Form von den Systementwicklern allein zu Ende geführt, unter der Anmerkung, daß sich wieder einmal bestätigt habe, man könne nicht sinnvoll mit dem Fachbereich zusammenarbeiten.

Auf der Ebene der Gesamtorganisation in Richtung Partizipation hinzuwirken, ist sicher für den einzelnen Projektleiter sehr schwierig. Wir wollen daher an dieser Stelle lediglich Anregungen geben, die Sie als Projektleiter über Gremien, in denen Sie vertreten sind, einfließen lassen können.

Wie kann man nun auf dieser Ebene die Beteiligung von Betroffenen verankern?

1. Viele Unternehmungen haben ihre Führungsgrundsätze schriftlich niedergelegt. Darauf können Mitarbeiter hinweisen. Im Rahmen solcher Führungsgrundsätze können auch die Rechte von Mitarbeitern festgelegt werden, die von organisatorischen Veränderungen betroffen sind. Ein Beispiel einer solchen Grundsatzerklärung haben wir auf der folgenden Seite wiedergegeben.

MENSCH-COMPUTER-SYSTEME in unserem Hause

- beruhen auf dem Grundsatz der Zusammenarbeit aller Organisationsmitglieder zur Erzielung befriedigender sozialer u n d wirtschaftlicher Ergebnisse; welche Ziele im einzelnen angestrebt werden, ist in den "Zielvereinbarungen für Mensch-Computer-Systeme" niedergelegt.

- ermöglichen allen Mitarbeitern, ihre Arbeit so zu erfüllen, daß sie sich weder in ihrem Handlungs- und Entscheidungsspielraum, noch in ihren Kontakten zu Kollegen beengt oder überfordert fühlen.

- gehen von einer langfristigen, mit der Unternehmensplanung abgestimmten Rahmenplanung aus, die Alternativen frühzeitig einbezieht und sicherstellt, daß die Interessen aller betroffenen Bereiche, Abteilungen und Arbeitsplätze gleichrangig berücksichtigt werden.

- werden mit Verfahren und Methoden entworfen, eingeführt und gepflegt, die sowohl die Information der Mitarbeiter als auch die Transparenz der Mensch-Computer-Systeme für jeden Benutzer gewährleisten. Unsere Suche nach Methoden, die der Benutzer selbständig anwenden kann, hat im vergangenen Jahr zur Einführung der Abfragesprache ABC geführt; wir sind bemüht, weitere Hilfsmittel für den direkten Kontakt des Benutzers mit dem Computer ausfindig zu machen und damit die Dezentralisierung von Computerleistungen weiter voranzutreiben.

- entstehen unter Beachtung aller anerkannten und bewährten Erkenntnisse zur Gestaltung computerunterstützter Arbeitsplätze, zur Dialoggestaltung und zur Arbeitsorganisation; Vorrang haben die Bedürfnisse der Benutzer und nicht die technologischen Gegebenheiten.

- werden von Benutzern und ihren Repräsentanten entscheidend mitgestaltet; nach welchen Grundsätzen dies geschieht und welche Einflußmöglichkeiten der einzelne Benutzer hat, ist in unserem "Partizipationsmodell für Mensch-Computer-Systeme" im Detail fixiert.

Wenn Sie über diese Grundsätze und ihre Verwirklichung näher informiert werden wollen, sprechen Sie Ihren Vorgesetzten oder den Benutzerrepräsentanten Ihrer Abteilung an: Er wird Ihnen Auskunft geben und Sie mit allen weiterführenden Unterlagen vertraut machen.

Abb.: Beispiel einer Grundsatzerklärung zu den Zielvorstellungen für Mensch-Computer-Systeme [1)]

---

1) Vollständig entnommen: Heilmann/1981/S. 243

2. Partizipation verlangt in der Regel bestimmte strukturelle Voraussetzungen, das heißt insbesondere, organisatorisch verankerte Gremien. Die unterschiedlichen Gremien haben zum Ziel, den verschiedenartigen Beteiligungserfordernissen gerecht zu werden. Wir gehen auf diese Gremien noch ein.

Um nochmals darauf hinzuweisen: In Unternehmen, in denen derartige Ansätze noch nicht gegeben sind, wird ein längerer Prozeß zur Einführung der Gremien und zur Formulierung der Grundsatzerklärung durch die Geschäftsführung notwendig sein. So etwas braucht Zeit, weil sich dahinter grundsätzlich andere Werte, Verhaltens- und Führungsansätze verbergen. Vor allem können sich dadurch auch Machtverhältnisse zwischen Abteilungen - z.B. dem DV-ORG-Bereich und Fachabteilungen - verschieben. Diese haben starke persönliche Auswirkungen und verlangen daher einen persönlichen Entwicklungsprozeß aller Beteiligten, auch der Geschäftsführung.

Zu b):

Im ORG/DV-Bereich müssen ebenfalls, im Einklang mit den Unternehmenszielen und -normen, bestimmte Voraussetzungen gegeben sein, um Partizipation verwirklichen zu können. Sieht sich der ORG/DV-Bereich "nur" als Entwickler, der für die Erstellung des Systems, nicht aber für die Einführung im umfassenden Sinne verantwortlich ist, wird die Beteiligung von Mitarbeitern in der Regel sehr eingeschränkt erfolgen. Dasselbe gilt für Bereiche, für die die neuen technologischen Möglichkeiten das einzig Interessante sind und die für das Wechselspiel Mensch - Technologie - Organisation keinen Blick haben.

Der ORG/DV-Bereich sollte sich daher überlegen, was sein Selbstverständnis von Projektarbeit ist, und welche Rolle der einzelne Projektleiter im Rahmen solcher Projekte (Veränderungsprozesse) einnimmt. Zu klärende Fragen sind dabei:

- Was bedeutet es für uns, Abteilungen, Arbeitsplätze zu verändern:
  - Ist es nur ein technisch-organisatorisches Problem?
  - Sind uns auch die sozialen Aspekte wichtig?

- o Will und kann ich psycho-soziale Faktoren bei der Projektarbeit berücksichtigen, wie z.B. Qualifikation, an menschlichen Bedürfnissen orientierte (humane) Arbeitsabläufe, Eigenverantwortlichkeit, Lernfähigkeit, Arbeitszufriedenheit?

- An welchen Zielen und Normen sollten wir daher unsere Arbeit als Projektleiter orientieren?

Derartige Fragen müssen langfristig zur Diskussion gestellt werden, z.B. in Form eines Entwicklungsprozesses (Projekt). Dies wäre dann eine wesentliche Ergänzung zu Entwicklungsprojekten anderer Art im DV/ORG-Bereich, die sich mehr mit technologisch-methodisch-orientierten Fragen auseinandersetzen: "Mit welchen Methoden, Tools und Vorgehensweisen wollen wir unsere Projektarbeit gestalten?" Die darin enthaltenen formalen Regelungen, die Verteilung der Verantwortlichkeiten nach Aufgaben und Aktivitäten eines Phasenschematas sind wichtige, strukturelle Voraussetzungen. Damit allein wurden aber nur in den seltensten Fällen tatsächlich gravierende Probleme der Zusammenarbeit, wie Unzufriedenheit bei den Benutzern, umfangreiche Änderungswünsche nach Projektende, gelöst.

Zu c):

Auf der persönlichen Ebene, in diesem Falle also bezogen auf den einzelnen Projektleiter, ist Partizipation eng verbunden mit:

- persönliche Werte und Einstellung und
- der Qualifikation.

In vielen Unternehmungen wird formal auf die Einbeziehung Betroffener Wert gelegt, doch dies entspricht nicht immer den Einstellungen der Verantwortlichen. In diesen Fällen wird die Partizipation oft unterlaufen oder aber einzelne Projektleiter kommen in Schwierigkeiten, weil sie entgegen der allgemeinen Regelungen und Werte handeln. Dazu ein Beispiel:

Ein Projektleiter wechselte von einem eher konservativ geführten Großunternehmen in ein mittelständisches Unternehmen, in dem seit einigen Jahren Teamentwicklung, Bereichsseminare und Schnittstellen-Konferenzen praktiziert wird. Die Mitarbeiter auf allen Ebenen werden dort in Planungs- und Entscheidungsprozesse in starkem Maße einbezogen, soweit sie von einer Veränderung betroffen sind. Die Geschäftsführung ist davon überzeugt, daß Initiative und Verantwortungsgefühl am besten dadurch zu erreichen sind, daß die Mitarbeiter aktiv an der Gestaltung der Veränderungsprozesse beteiligt werden. Dem neuen Projektleiter ist dieses Gedankengut nicht nur fremd, sondern völlig unverständlich. Die selbstverständliche Forderung des Fachbereiches, Teamsitzungen zu vereinbaren, entspricht weder seiner Erfahrung noch seiner inneren Einstellung. In diesen Teamsitzungen kommt es wiederholt zu erheblichen Konflikten, weil die Mitarbeiter die autoritären Verhaltensweisen des Projektleiters offen ansprechen und kritisieren. Mit dem hilflosen Hinweis "ich komme schließlich aus einem Großbetrieb, dort werden die Projekte professionell realisiert", bringt er sich in eine ziemlich hoffnungslose Außenseitersituation.

Sicherlich ist Partizipation auch eine Frage der Qualifikation. Viele suchen die Zusammenarbeit, als Projektleiter oder auch als Betroffener, scheitern dann aber an der Frage: "Wie geht das?" Hierzu gibt es eine Reihe von Möglichkeiten, sich das nötige "Handwerkszeug" anzueignen. Themengebiete, die in Seminaren erlernt werden können, sind:

- Moderation von Arbeitskreisen
- Präsentation
- Teamarbeit
- Gestaltung von Informationsmärkten
- Gesprächsführung.

Damit ausgerüstet hat ein Projektleiter in vielen Fällen bereits große Chancen, Betroffene stärker zu beteiligen. Unsere Erfahrung hat gezeigt, daß die Möglichkeiten des Projektleiters häufig vielfältiger sind, als er selber annimmt.

8.3.4 Die organisatorische Verankerung von Partizipation

Vor allem zwei Möglichkeiten haben sich in der Praxis bewährt, die kooperative Zusammenarbeit zwischen Betroffenen und Veränderern zu verankern:

a) die Einführung entsprechender Gremien, die Mitentscheidung und Mitarbeit gewährleisten sollen;

b) die Entwicklung von allgemein gültigen Projektstandards, -handbüchern, -vorgehensweisen.

Zu a):

Die Gremien

Die hier genannten Gremien und Zuordnung der Aufgaben sollten Sie nur als Vorschlag ansehen.[1] In der Praxis finden Sie auch andere Namen für die Gremien oder eine andere Aufgabenverteilung zwischen den Gremien. Typisches Beispiel: In vielen Unternehmungen wird nicht zwischen Informationsgruppe und Beratungsausschuß unterschieden.

A. Das DV-Planungsgremium

Aufgabenträger:

- Geschäftsleitung
- Führungskräfte aus den Unternehmungsbereichen
- Betriebsrat
- DV/ORG-Planungsexperten

Aufgaben:

- Langfristige und globale Festlegung von Zielvorstellungen organisatorischer und personeller Innovationen (Aufbau-/Ablauforganisation, DV-Entwicklungen etc.).

---

1) Hansel, Kieser/1982/S. 01/380ff

B. Der Steuerungsausschuß

Aufgabenträger:

- Führungskräfte aus allen Unternehmungsbereichen
- ORG/DV-Spezialisten
- Mitarbeiter aus Fachbereichen, die Repräsentanten ihrer Abteilung in Projekten sind
- Betriebsrat

Aufgaben:

Detaillierung der globalen Zielvorstellungen aus dem Planungsgremium durch:

- Erarbeitung des DV-Rahmenplans
- Bereichsübergreifende Koordinierung von Projekten
- Erarbeitung von Grundsätzen/Methodiken für Projektmanagement und -durchführung.

C. Der Entscheidungsausschuß (Projektbezogen)

Aufgabenträger:

- Führungskräfte aus den betroffenen Abteilungen und ORG/DV
- Projektleiter
- Betriebsrat
- ORG/DV-Spezialisten (wie DB-Administrator, etc.)

Aufgaben:

- Auswahl und Beauftragung des Projektteams, der Informationsgruppen und eventuell des Beratungsausschusses
- Steuerung und Kontrolle einzelner Projekte
- Abstimmung von Entscheidungen, die über die Kompetenz des Projektleiters hinausgehen (Projektauftrag, finanzielle und personelle Ressourcen).

D. Das Projektteam (je Projekt/Subprojekt)

Aufgabenträger:
- ORG/DV-Spezialisten
- Benutzer/Betroffene oder deren Repräsentanten

Aufgaben:
- Planung des Projektes
- Durchführung der ORG/DV-Arbeiten
- Einführung

E. Die Informationsgruppen

Aufgabenträger:
- direkt Betroffene, Personen mit bestimmten Fachkenntnissen, einflußreiche Mitarbeiter

Aufgaben:
- Information der Mitglieder von Fachabteilungen über Inhalt, Ziele und Ergebnisse der Planung
- Information des Teams über Vorstellungen, Ideen, Wünsche und spezielle Kenntnisse der von der Planung betroffenen Personen
- Motivation und Aktivierung der Betroffenen für Planungs- und Realisierungsmaßnahmen

F. Der Beratungsausschuß

Aufgabenträger:
- mittleres und höheres Management relevanter Bereiche
- Experten der Fachbereiche und betroffener EDV/ORG-Gruppen

Aufgaben:
- Einbindung des (einflußreichen) mittleren und höheren Managements in die Projektarbeit
  (Dadurch: Abbau von Schwierigkeiten im politischen Bereich)
- Einbringung von Anregungen und Fachwissen
- Prüfung der Realisierbarkeit von Planungsergebnissen

(Bei den meisten Projekten können die Aufgaben des Beratungsausschusses vom Entscheidungsausschuß und/oder Informationsgruppen übernommen werden. Nur bei komplexen, inhaltlich schwierigen und umfangreichen Projekten sollte er eigenständig zum Einsatz kommen.)

Zu b):

Die Entwicklung von Projektstandards[1)]

Kooperative Zusammenarbeit wird in Projekten häufig schon auf Grund rein methodischer und technischer Aspekte schwierig. Gerade DV-Systementwicklungen sind von großer Komplexität und für Nicht-Experten kaum zu überblicken. Unklar ist vielen Projektbeteiligten:

- wie die einzelnen Aktivitäten einer Systementwicklung zusammenhängen,
- welche Bedeutung die einzelne Aktivität für den Gesamtprozeß hat,
- welche Bedeutung einzelne Entscheidungen haben,
- wer für welche Aktivitäten/Entscheidungen auf Grund seiner Qualifikation und Interessen zuständig ist,
- welche Möglichkeiten den einzelnen Gruppen zur Einflußnahme zur Verfügung stehen (Vetorecht z.B.),
- welche Voraussetzungen für eine Mitsprache aller beteiligten Gruppen zu schaffen sind (Auswahl anzuwendender Methoden).

Sind diese Fragen nicht geklärt, gibt es Unsicherheiten: Die Fachabteilung erteilt Informationen, ohne zu wissen, welche Verwendung diese finden, oder sie trägt Entscheidungen mit, ohne die Reichweite dieser Entscheidungen zu kennen.

So kommt es zu "Überraschungseffekten", die von keiner Seite wirklich gewollt waren und die sich auf Offenheit und Kooperationsbereitschaft für die weitere Zusammenarbeit negativ auswirken. Ein Ansatz, derartige Unsicherheiten auszuräumen, besteht darin, daß alle Gruppen, die in einer

---

1) Hansel/1982/S. 229ff

Unternehmung von Projekten betroffen sein könnten, sich auf eine formale Vorgehensweise einigen (Projektstandards, Handbücher zur Systementwicklung etc.).[1] Dies erfolgt dadurch, daß Repräsentanten der jeweiligen Gruppen gemeinsam ein Verfahren ausarbeiten, das festlegt:

- den Ablauf eines Projektes (Phasen-/Aktivitätenschema),
- die Durchführung von Aktivitäten der Systementwicklung oder des Projektmanagements,
- die Aufgabenverteilung (wer entscheidet wann was, wer führt mit wem welche Aktivitäten durch),
- die Meilensteine, Checkpoints,
- die Kommunikationsmittel (Darstellungs- und Dokumentationsmethoden).

Mit dem Verfahren werden die formalen Regeln für die kooperative Zusammenarbeit und damit eine Vereinbarung über die Möglichkeiten der Beteiligung (also für die Partizipation) festgelegt - sofern man diese wirklich möchte. Auf diese Weise werden Projekte planbar und steuerbar, und der Ablauf wird transparent. Jede Gruppe (Fachbereiche, Systementwickler, Organisatoren, Revisoren, Betriebsrat, Management etc.) kennt ihre Aufgaben, Rechte und Pflichten und weiß auch, welche Tragweite Entscheidungen haben. Anhand des gegebenen Verfahrens kann man die Zusammenarbeit mit jedem Projekt weiter überprüfen und verbessern. Durch die gemeinsame Erarbeitung des Verfahrens wird erreicht, daß die Beteiligten sich mit diesen Regeln auch identifizieren können und diese als Richtlinie für das Vorgehen in Projekten anerkennen. Akzeptierte Systementwicklungsprozesse führen meist auch zu erfolgreichen akzeptierten Systemen.

8.4 Checkliste

Zusammenfassend einige Hinweise zur Einführung und Verstärkung von Partizipation, als Basis für eine wirkungsvolle Kooperation:

---

1) Hansel, u.a./1983

1. Es gibt nicht die Partizipation!

   Prüfen Sie, wie Partizipation in Ihrer Unternehmung am sinnvollsten aussehen könnte.

Beteiligungskonzept für Projekte			
Phase / Betroffene	Phase 1	....	Phasen
Fachbereich Management	i, m, e oder a		
Fachbereich Mitarbeiter			
Betriebsrat			
Revision			
Geschäftsführung			

i = Information

m = Meinung einbringen

e = mitentscheiden

a = autonom entwickeln

2. Prüfen Sie, inwieweit partizipationsgestaltete Projektarbeit zum Stil des Unternehmens - Organisationskultur - paßt.

   Suchen Sie ggfs. nach Möglichkeiten, Anregungen zu Verbesserungsmaßnahmen zu geben. Eine derartige Maßnahme könnte z.B. ein Entwicklungsprojekt im DV/ORG-Bereich sein. Thema: "Die Rolle des Projektleiters in Veränderungsprojekten."

3. Prüfen Sie, ob die Projektleiter das notwendige "Rüstzeug" mitbringen, um kooperativ und partizipativ zu arbeiten. Welche Schulungen sind notwendig:

   - Moderation von Arbeitskreisen
   - Präsentation
   - Teamarbeit
   - Gestaltung von Infomärkten
   - Gesprächsführung.

4. Institutionalisieren und organisieren Sie Partizipation durch

   - Gremien der Projektorganisation
   - gemeinsame Ausarbeitung eines Verfahrens zur Projektarbeit
   - Schulung aller Beteiligten in entsprechenden Dokumentations- und Darstellungsmethoden, um eine "gleiche" Sprache zu sprechen.

9 Der Projektabschluß

9.1 Ziele des neunten Kapitels

In Kapitel 3. dieses Buches haben wir auf die besondere Bedeutung des Projektbeginns hingewiesen. Den Gegenpol dazu bildet der Projektabschluß. Auch er hat eine ganz spezielle Bedeutung, nicht nur für das betroffene Projekt, sondern auch für zukünftige Projekte bzw. für die Folgearbeiten wie Wartung und Änderungen. Der letzte Eindruck ist ja häufig maßgebend für die Erinnerung, für das "Image" des Projektes. So kann ein negativer Eindruck, den ein Projekt hinterläßt, noch Jahre anhalten und plötzlich - für die Betroffenen überraschend -den Beginn eines neuen Projektes sehr beeinträchtigen. Es ist daher in jedem Fall wichtig, zu prüfen, ob die Ziele erreicht wurden, und welchen Eindruck das Projekt hinterlassen hat.

Die Überprüfung des Eindrucks sollte sich sowohl auf das Sachergebnis beziehen als auch auf die Art und Weise der Zusammenarbeit. Nehmen wir ein Beispiel: In einem Projekt wurden zeitgerecht alle Ergebnisse erbracht, die zu Beginn definierten Ziele erreicht. Der Projektleiter führte ein sehr "straffes Regiment". Änderungen in den Benutzerwünschen wurden wohl registriert, aber unter Hinweis auf die knappe Zeit zurückgestellt. Man versprach, diese Änderungen einzubringen, wenn das System erst einmal stehen würde und die Ergebnisse erster Probeläufe vorlägen. Nachdem man auf diese Art und Weise die Benutzer vertröstet hatte, gelang die Einführung des Systems auch in der ersten Stufe problemlos. Der Projektleiter hatte sein Ziel erreicht und nahm nun die zurückgestellten Änderungswünsche nicht mehr ernst. In der Hoffnung, daß die Fachabteilung sie auch vergessen hatte, schloß er das Projekt "in aller Heimlichkeit" ab, was in diesem Fall möglich war. Nach dem offiziellen Projektende rissen die Änderungs- und Wartungswünsche des Fachbereichs nun nicht mehr ab. In weiteren Projekten mußte die gesamte DV/ORG-Abteilung gegen das Image ankämpfen, die Fachabteilung nicht ernst zu nehmen und ein unglaubwürdiger Partner zu sein. Andere Projektleiter-Kollegen mußten die Suppe auslöffeln, die er ihnen eingebrockt hatte.

Noch ein anderer Grund spricht dafür, das Projektende genau zu betrachten: Egal wie das Projekt verläuft, positiv oder negativ, wir können aus der Vergangenheit für die Zukunft lernen. Manchmal sind es gerade die mißlungenen Projekte, aus denen man viel Profit für zukünftige Projekte bezieht.

Ziele dieses Kapitels:

- Probleme beim Projektabschluß kennenlernen
- die Bedeutung und den Hintergrund eines Projektabschlusses verstehen
- mögliche Handlungsalternativen kennenlernen

9.2 Probleme beim Projektabschluß

Ein "unglücklicher" Projektabschluß wird häufig mit sachlichen Problemen, insbesondere technologischen und organisatorischen Schwierigkeiten in Verbindung gebracht. Es gibt jedoch aus unserer Erfahrung eine Reihe von Schwierigkeiten, die ganz andere Ursachen haben:

- Eine ungeahnte Erfindungsgabe des Projektteams, vor allem auch des Projektleiters, führt zeitweise dazu, daß Projekte kein Ende finden. Immer wieder tauchen neue "dringende" Arbeiten auf, die unbedingt noch vor Projektabschluß erledigt werden müssen. Obwohl mit dem System schon gut in der Fachabteilung gearbeitet wird, feilt das Team mit vollem Engagement an Kleinigkeiten. Dadurch geht nicht selten viel Zeit und Geld verloren. Ressourcen, die man für dringendere Aufgaben benötigt, werden gebunden.

- Ein Projekt geht sang- und klanglos zu Ende. Es stehen noch Restarbeiten aus, die dann einem einzelnen übertragen werden, nicht selten dem Projektleiter selbst. Aufgrund seiner Unkenntnis bezüglich der Details versucht er dann lustlos das System "noch eben ans Laufen zu bringen".
- Mißlungene Projekte werden so schnell wie möglich "im Keller vergraben". "Der Geist spukt" aber häufig noch in vielen Folgeprojekten und kostet Nerven, Zeit und Geld.

9.3 Den Projektabschluß bewußt gestalten

9.3.1 Die Ursachen für die Projektabschluß-Problematik

Um ein Projekt richtig abschließen zu können, müssen Sie auch verstehen, welche menschlichen Dimensionen damit verbunden sind. Wir alle kennen diese Dimensionen von vielen Gelegenheiten des täglichen Lebens. Wir wollen bewußt die psychologische Bedeutung von Trennung streifen, weil wir glauben, daß solche Prozesse auch für ein Projektteam und für den einzelnen Projektleiter unterschwellig eine Rolle spielen. Das Ende einer Beziehung zu einem Partner, der Abschluß der Schulzeit, einer schönen Reise oder der Berufstätigkeit ist gekennzeichnet einerseits durch Abschiednehmen von etwas Bekanntem, zu dem man eine persönliche Verbindung aufgebaut hat. Andererseits bedeutet Abschluß auch Neubeginn, teilweise mit, häufig aber auch ohne genaue Perspektive. In derartigen Situationen reagiert jeder aufgrund seines persönlichen Erfahrungshintergrundes: Der eine kann nur schwer Abschied nehmen, dem anderen fällt es leicht. Der eine versucht, das Abschiednehmen zu überspielen, indem er sofort in etwas Neues springt, ohne die alte Sache wirklich zu beenden. Andere können sich nicht trennen, aus Angst, Gewohntes aufzugeben und Neues, Unbekanntes anzufangen.

Der Projektleiter sollte diese menschliche Problematik kennen und einschätzen, wie er selbst damit umgeht. Es wird ihm dann leichter fallen, diese Phase so zu gestalten, daß er die Basis für den gezielten Projektabschluß finden kann. Das bedeutet:

(1) den bewußten Abschluß des laufenden Projektes

(2) den organisierten und klaren Beginn einer neuen Arbeit, wie immer diese aussehen mag: Neue Projekte, Wartungsarbeiten oder Aufnahme der früheren Arbeit in der Fachabteilung.

Wenn wir uns vor diesem Hintergrund die in Kapitel 9.2 geschilderten Probleme ansehen, ergeben sich Erklärungen für diese Probleme und damit auch Lösungsansätze für den Projektleiter.

<u>Warum ziehen sich Projekte in die Länge?</u>

Eine häufige Ursache ist <u>"Perspektivlosigkeit"</u>.
Die Projektteammitglieder wissen nicht, was sie nach Abschluß der Arbeiten erwartet. Manchmal wissen sie es auch, aber es gefällt ihnen nicht oder sie fürchten sich sogar davor. Aufgabe des Projektleiters bzw. der Personalverantwortlichen ist es nun, mit den Betroffenen Perspektiven zu erarbeiten, mit denen sie leben können. Dies sollte nicht erst im letzten Augenblick geschehen, sondern in einem sinnvollen Zeitraum vor dem geplanten Projektende. Häufig gibt es dann auch die Möglichkeit, Maßnahmen zu entwickeln, die den Übergang für die Betroffenen erleichtern, wie Schulungen oder persönliche Vorbereitung.

Neben diesen psycho-sozialen Ursachen kann es natürlich auch technologische oder methodische Erklärungen für dieses Problem geben: Planungsfehler oder technische Schwierigkeiten bei der Realisierung. In jedem Fall ist es für den Projektleiter wichtig, diese Gründe im Gespräch zu ermitteln. Druck alleine hat noch in den wenigsten Fällen tatsächlich zu einem sinnvollen Abschluß geführt.

<u>Warum verlassen die Teammitglieder kurz vor dem Ende des Projektes "sang- und klanglos" das Projekt?</u>

- Auch dieses Problem kann einen ähnlichen Hintergrund haben. Aufgrund von Befürchtungen, "wie gehts weiter?", versuchen dann die Teammitglieder auf jeden erreichbaren Zug aufzuspringen, der sich gerade anbietet, auch wenn die Arbeiten nicht beendet sind. Der Mitarbeiter aus dem Fachbereich erklärt, wie dringend er ins Tagesgeschäft zurück muß, der DV-Spezialist hat ein neues Projekt, in dem gerade seine Qualifikation dringend gefragt ist. Auf jeden Fall wird dadurch deutlich, welchen Stellenwert das Projekt oder der Projektleiter haben. Fehlen dem Projektleiter Einflußmöglichkeiten gegenüber den Entscheidungsträgern, so steht er am Ende alleine da.

- Ein anderer Grund kann auch die mangelnde Identifikation mit den Projektergebnissen sein. Jeder sucht dann beizeiten das Weite, nach dem Motto: "Den Letzten beißen die Hunde."

- Ferner kann auch die Befürchtung bestehen, nach Projektende unattraktive Aufgaben wahrnehmen zu müssen, wie Wartungsarbeiten.

9.3.2 Die Analyse kritischer Projektverläufe

In der folgenden Abbildung zeigen wir ein zwar scherzhaft formuliertes, aber was Phase 8 betrifft, nicht seltenes Phasenschema für Projekte.

"EDV-Systementwicklung
- Phasenmodell -"

Phase 1:	Wilde Begeisterung
Phase 2:	Ernüchterung
Phase 3:	Frustration
Phase 4:	Konfusion
Phase 5:	Suche nach den Schuldigen
Phase 6:	Bestrafung der Unschuldigen
Phase 7:	Beförderung der Unbeteiligten
Phase 8:	und dann Gras über die Sache wachsen lassen

Den Schuldigen suchen, "Gras über die Sache wachsen lassen", sind oft Verhaltensweisen, auf mißlungene Projekte zu reagieren. Nur selten ist den Verantwortlichen bewußt, wieviel man gerade aus mißlungenen Projekten lernen kann. Sie stellen eine große Lernchance dar, denn mit den aus einer gründlichen Projektauswertung gewonnenen Erfahrungen können Folgeprojekte effizienter gestaltet werden, so daß die Investitionen in keinem Fall umsonst waren. Allerdings gehört zu solch einer Auswertung eine gewisse Portion Mut und auch Verständnis seitens der Verantwortlichen. Hier sollte nach dem Prinzip gehandelt werden: "Bruchstellen sind Fundstellen". Ansonsten kann es in das allseits beliebte Spiel "wer hat den Schwarzen Peter?" ausarten, womit letztendlich keinem gedient ist. Unabhängige interne oder externe Berater können bei der kritischen Analyse des Projektes helfen. Ihre Neutralität bewahrt vor dem Abgleiten in das erwähnte "Schwarzer-Peter-Spiel".

Die Fragen, die bei einer derartigen Analyse zu stellen sind, betreffen

(1) den Projektbeginn: Was führte dazu, daß das Projekt vielleicht schon von Beginn an keine oder wenig Chancen hatte?
Die entsprechenden Fragen entnehmen Sie bitte der "Situationsanalyse" aus Kapitel 3. Dazu gehört auch eine vergleichende Betrachtung: "Was habe ich nach meiner heutigen Erkenntnis damals falsch eingeschätzt?". Falls Sie am Anfang eines Projektes eine Art Situationsanalyse gemacht haben, können Sie nun prüfen, ob Ihre damaligen Erkenntnisse richtig und vollständig waren.

(2) den weiteren Projektverlauf:

a) Wie hat sich die Zusammenarbeit im Projektteam während des Projektverlaufs verändert?
Gab es Probleme, Störungen; was waren die Ursachen?

b) Wie hat sich die Zusammenarbeit Projektteam - Projektumfeld entwickelt?
(Projektumfeld: Fachabteilungen, DV/ORG-Abteilung, Management, Geschäftsführung, Betriebsrat, Hersteller ...)

c) Waren alle Betroffenen entsprechend einbezogen?
(Siehe dazu auch Betroffenheits- und Beteiligungsanalyse in Kapitel 3.)

d) Wie haben sich die Einstellungen und Prioritäten der Geschäftsführung, Entscheidungsgremien und vor allem derjenigen, die das Projekt initiiert haben, zum Vorhaben entwickelt? Gab es Wendepunkte im Projekt?
Hat zum Beispiel ein anderes Vorhaben plötzlich eine höhere Priorität bekommen, so daß Ihr Projekt nicht mehr den erforderlichen Rückhalt hatte?

e) Welche Entwicklungen haben sich im Projektverlauf ergeben:
- Wirtschaftlichkeit des Projektes
- organisatorische Veränderungen
- technische Veränderungen
- personelle Veränderungen
- Veränderung der Marktsituation
- aus Sicht des Managements
- aus Sicht der Mitarbeiter im Fachbereich?

Betroffene Gruppen	Wirtschaftliche, organisatorische, soziale Auswirkungen und Änderungen	Das bedeutete für den Projektverlauf

Beispiel: Im Projektverlauf wird insbesondere dem mittleren Management bewußt, daß das System nicht nur ihnen als Steuerungsinstrument dient, sondern daß damit auch sie selbst kontrolliert werden können. Von diesem Zeitpunkt ab unterstützen sie das Projekt nicht mehr.

f) Welches Image hat das Projekt, welche Gerüchte gibt es?

g) Welche "projektexternen" Einflüsse sind erkennbar?
Neue Technologien, Einfluß von Betriebsrat und Gewerkschaften, Einfluß von der Muttergesellschaft usw.

Diese Fragen offen und ehrlich mit den Projektbeteiligten zu diskutieren, ist sicherlich nicht einfach, zumal die Stimmung nach einem abgebrochenen bzw. erfolglosen Projekt nicht die beste ist. Doch die Erfahrung hat uns gezeigt, daß die daraus gewonnenen Erkenntnisse von großem Wert für Folgeprojekte sind.

9.3.3 Die Projektrückschau

Aber nicht nur erfolglose Projekte sollten zum Anlaß für eine Rückschau genommen werden. Natürlich kann man auch aus erfolgreichen Projekten lernen und sich gemeinsam über den Erfolg freuen. Wir empfehlen daher immer eine Projektrückschau, z.B. im Rahmen einer Abschlußsitzung, vorzunehmen.

Themen der Projektrückschau:

- Haben wir unsere Ziele erreicht?
- Wie haben wir zusammen gearbeitet?
- Welche Probleme allgemeiner Art gab es hinsichtlich Vorgehensweise oder Zusammenarbeit mit anderen Stellen im Hause?
- Wo waren unsere Stärken?
- Was hat jeder für sich aus dem Projekt gelernt?
- Was sollte man in Zukunft grundsätzlich anders machen?
- Gegenseitige konstruktive Kritik und auch Lob

9.4 Checklisten

Checkliste "Projektabschluß"

1. Sind alle vereinbarten Ergebnisse erreicht worden?

2. Sind diese Ergebnisse

   - dokumentiert und
   - an der festgelegten Stelle abgelegt?

3. Ist dokumentiert, welche Ergebnisse nicht erarbeitet wurden und welche Gründe es dafür gibt?

4. Sind Ansprechpartner benannt, die

   - für einen vereinbarten Berichtszeitraum Auskunft über den Projektverlauf geben können?
   - für Änderungs- und Wartungswünsche zuständig sind?
   - dem Fachbereich zur Unterstützung in der ersten Betriebsphase zur Seite stehen können?

5. Sind alle in Frage kommenden Stellen im Hause darüber informiert, daß das Projekt zu Ende geht (Betroffene im Fachbereich, Rechenzentrum, Planungsgruppen, Entscheidungsgremien, Betriebsrat, die Vorgesetzten der Projektteammitglieder)?

6. Ist festgelegt, was die Projektteammitglieder nach Projektabschluß machen ? Sind sie darüber informiert und das rechtzeitig?

7. Mit welchen Maßnahmen kann man den Projektteammitgliedern den Übergang zu einer neuen Aufgabe erleichtern?

8. Ist eine Projektabschlußbesprechung vorgenommen worden? (siehe Checkliste "Projektabschluß-Sitzung")

Checkliste "Projektabschluß-Sitzung"

1. Rückschau auf das Projekt

   Was war gut, was war schlecht, was haben die Teammitglieder für ihre weitere Arbeit gelernt?

2. Anerkennung und konstruktive Kritik

   sowohl vom Projektleiter zu den Teammitgliedern wie auch untereinander:

   - vom Projektleiter gegenüber den Projektmitarbeitern
   - vom Projektteam gegenüber dem Projektleiter
   - von den Teammitgliedern untereinander
   - vom Projekt gegenüber den anderen Stellen im Hause

3. Anregungen für die Projektarbeit im Hause allgemein:

   Was kann man aufgrund der Erkenntnisse in diesem Projekt für andere Projekte lernen?
   Lagen die Probleme im

   - fachlichen Bereich
   - strukturellen Bereich des Projektes
   - administrativen Bereich des Projektes
   - psycho-sozialen Bereich?

Checkliste "Diagnose kritischer Projekte"

Die Fragen, die bei einer derartigen Analyse zu stellen sind, betreffen

(1) den Projektbeginn:

Was führte dazu, daß das Projekt vielleicht schon von Beginn an keine oder wenig Chancen hatte?

(Die entsprechenden Fragen entnehmen Sie bitte der "Situationsanalyse" aus Kapitel 3., die Sie nicht nur zum Projektbeginn, sondern auch in anderen Phasen des Projektes einsetzen können.)

Dazu gehört auch eine vergleichende Betrachtung:
"Was habe(n) ich (wir) nach meiner (unserer) heutigen Erkenntnis damals falsch eingeschätzt?" Falls Sie am Anfang eines Projektes eine Situationsanalyse gemacht haben, können Sie nun prüfen, ob Ihre damaligen Erkenntnisse richtig und vollständig waren.

(2) <u>den weiteren Projektverlauf:</u>

- Wie hat sich die Zusammenarbeit im Projektteam während des Projektverlaufs verändert?
  (Gab es Probleme, Störungen? Was waren die Ursachen?)
- Wie hat sich die Zusammenarbeit Projektteam - Projektumfeld entwickelt?
  (Projektumfeld: Fachabteilungen, DV/ORG-Abteilung, Management, Geschäftsführung, Betriebsrat, Personalabteilung)
- Waren alle Betroffenen entsprechend einbezogen?
  (siehe dazu auch Betroffenheits- und Beteiligungsanalyse in Kapitel 3.)
- Wie haben sich die Einstellungen und Prioritäten der Geschäftsführung, Entscheidungsgremien und vor allem derjenigen, die das Projekt initiiert haben, zum Vorhaben entwickelt?
  Hat zum Beispiel ein anderes Vorhaben plötzlich eine hohe Priorität bekommen, so daß Ihr Projekt nicht mehr den erforderlichen Rückhalt hatte?
- Welche Entwicklungen hat der Projektverlauf mit sich gebracht:
  - Wirtschaftlichkeit des Projektes
  - technische Veränderungen
  - organisatorische Veränderungen

- personelle und soziale Veränderungen
- Veränderung der Marktsituation des Unternehmens
- aus Sicht des Managements
- aus Sicht der Mitarbeiter
- Welches Image hat das Projekt, welche Gerüchte gibt es?
- Welche "projektexternen" Einflüsse sind erkennbar? (Neue Technologien, Einfluß von Betriebsrat und Gewerkschaften, Einfluß von der Muttergesellschaft usw.)

10 Gedanken zur Rolle und zum Anforderungsprofil für Projektleiter

10.1 Ziele des zehnten Kapitels

Zum Abschluß des Buches wollen wir uns noch mit der Rolle und dem daraus resultierenden Anforderungsprofil des Projektleiters beschäftigen. Wir machen das im Sinne eines Resümees und gehen dabei von folgender Fragestellung aus:

> Was sollte ein Projektleiter unter dem Gesichtspunkt einer ganzheitlich-orientierten Projektarbeit können, um erfolgreich zu arbeiten?

Die Rolle des Projektleiters können wir als ein Bündel diverser Rollenelemente[1)] verstehen, die der Projektleiter zu unterschiedlichen Zeiten und Anlässen einnimmt. Sich mit diesen verschiedenen Rollenelementen und den sich daraus ergebenden Qualifikationsanforderungen zu beschäftigen, bietet nicht nur dem einzelnen Projektleiter die Möglichkeit, sich zu entwickeln, sondern eröffnet auch den ORG/DV-Leitern und der Geschäftsführung die Chance, Personalentwicklungsmaßnahmen zu initiieren. Dies ist sicher notwendig, um die komplexen Aufgaben in Projekten zu lösen.

Wir gehen in diesem Kapitel kurz auf die Funktion eines Anforderungsprofils ein, weil wir hoffen, daß dieses Buch auch von Personalentwicklern und Weiterbildungsverantwortlichen gelesen wird. Mit Hilfe eines unternehmens- und aufgabenspezifischen Anforderungsprofils für Projektleiter lassen sich gezielte Qualifikationsmaßnahmen erarbeiten.

---

1) Voigt/1975/S. 294

Ziele dieses Kapitels:

- Sie finden Gedanken zur Rolle und zum Anforderungsprofil des Projektleiters

10.2 Die Praxisprobleme

Das Rollenverständnis des Projektleiters beeinflußt seine Arbeitsweise und die Beziehungen zu den Fachbereichen, zu Mitarbeitern aus dem Projektteam und auch zu den Entscheidungsträgern des Unternehmens. Wir zeigen Ihnen zunächst, welche Bedeutung dem Rollenverständnis für die tägliche Arbeit zukommt.

- Im Rahmen eines Projektes treten erhebliche Widerstände auf. Die betroffenen Mitarbeiter sind unzufrieden mit der Vorgehensweise des Projektleiters. Sie fühlen sich zu wenig informiert und aufgeklärt über fachliche und zeitliche Perspektiven. In einer Sitzung äußert sich der Projektleiter sehr erstaunt über diese Schwierigkeiten. Er könne gar nicht verstehen, warum die Mitarbeiter so viel Ärger machen. Er sagt: "Ich verstehe das nicht, bin auch für diese Probleme nicht zuständig, dafür haben wir doch eine Personalabteilung. Mich interessieren nur die Abläufe und die technische Realisation." Stimmt sein Rollenverständnis?

- Wohl die meisten Projektleiter erkennen die Bedeutung der menschlichen Dimensionen für ihre Arbeit. Doch fällt es vielen verständlicherweise schwer, die psycho-sozialen Prozesse auch "zu managen", d.h. ein Projektdesign zu entwickeln, das den Auswirkungen von organisatorischen Veränderungen auf die Mitarbeiter Rechnung trägt. Eine wesentliche Ursache sehen wir in der technisch-mathematisch orientierten Ausbildung vieler Projektleiter aus dem ORG/DV-Bereich. Hier herrscht in den Unternehmen Nachholbedarf.

- Das Verhältnis zwischen den Fachbereichen und dem ORG/DV-Bereich hat sich in den letzten Jahren erheblich gewandelt. Die Fachbereiche sind DV-kompetenter und damit selbstsicherer und mächtiger geworden. Der DV-Mythos hält immer weniger Menschen in seinem Bann, die Verbraucher sind kritischer und mündiger geworden. Es werden höhere Anforderungen und kritischere Fragen gestellt. Das ist für die Arbeit des Projektleiters sicher nicht einfach, vielleicht spannender. Angesichts dieses Wandels müssen sich Mitarbeiter, Projektleiter und Führungskräfte aus dem ORG/DV-Bereich die Frage nach dem Selbstverständnis ihrer Arbeit stellen. Das allerdings wird nur in wenigen Unternehmen systematisch getan.

10.3 Rolle und Anforderungsprofil des Projektleiters

10.3.1 Gedanken zur Rolle des Projektleiters

Die Alltagsprobleme der Projektleiter sind vielfältiger Natur. Wir haben sie in diesem Buch z.T. ausführlicher beschrieben:

- Die Projektziele sind unklar formuliert.
- Es kommt zu erheblichem Termindruck durch nicht einplanbare, äußere Veränderungen.
- Es gibt Hardware-Probleme, die zu Konflikten mit den Anwendern führen.
- Es fehlen qualifizierte Mitarbeiter.
- Kommunikationsprobleme mit den Kollegen aus dem Bereich zehren an den Nerven und führen zu Ineffizienz des Teams.
- Betroffene Mitarbeiter igeln sich ein, weil sie Angst vor neuen Aufgaben oder vor Entlassungen haben.
- Mächtigere Personen greifen teilweise unkoordiniert in die Projektarbeit ein.

- Der Projektleiter hat keinen Ansprechpartner, um Probleme und Entscheidungen zu klären.
- Wirtschaftliche Probleme des Unternehmens führen zu Einschränkung des ursprünglichen Projektziels.

Die Vielzahl der unterschiedlichen Probleme führt dazu, daß die Führungsaufgaben sehr komplex sind. Um diesem Umstand Rechnung zu tragen, haben wir bereits im 1. Kapitel die These formuliert:

> Zum erfolgreichen Projektmanagement gehört eine ganzheitlich-situative Projektbetrachtung:
>
> - Die strukturellen Voraussetzungen müssen stimmen.
> - Der Projektleiter muß den administrativen Teil des Projektmanagements beherrschen.
> - Der Projektleiter muß auch mit den psycho-sozialen Prozessen, die im Rahmen von Projekten ablaufen, umgehen und sie managen können.

Was bedeutet das nun für den Projektleiter, für seine Rolle und die sich daraus ergebenden Anforderungen? Lassen wir doch noch einmal die in diesem Buch beschriebenen Rollenelemente des Projektleiters an uns vorbeiziehen:

Im Kapitel 3 ist er Diagnostiker, der das Feld für Veränderungen analysiert, er ist Stratege, der ein Veränderungsdesign entwirft, und er ist Gruppenleiter, der aus Individuen, die aus verschiedenen Fachbereichen kommen, eine arbeitsfähige Gruppe machen soll.

Im Kapitel 4 sehen wir ihn ebenfalls als Gruppenleiter mit unterschiedlichen Rollenelementen, so z.B. als Themenwächter, und als Konfliktmanager in der Gruppe.

Kapitel 5 bietet Ihnen Hilfestellung zur Kommunikation, denn der Projektleiter ist ja häufig auch Interviewer, er ist Berater für die Fachabteilungen und Lehrer, wenn es gilt, Projektergebnisse zu klären.

In Kapitel 6 kommen andere Rollenelemente hinzu, der Sündenbock für gescheiterte Projekte, der Puffer zwischen den Entscheidungsträgern und den Projektmitarbeitern und der change agent, der innerhalb des ORG/DV-Bereichs notwendige Veränderungen initiiert und fördert.

Beim Umgang mit Widerständen in Veränderungsprozessen im Kapitel 7 nimmt der Projektleiter die Rolle eines Psychologen, Seelsorgers ein, der die Bedenken und Unsicherheiten der Betroffenen erkennt und ernstnimmt.

In Kapitel 8 sehen wir ihn als Architekten einer partizipativen Systementwicklung, der strukturelle Voraussetzungen für die Beteiligung von Betroffenen schafft.

Zum Ende des Projektes (Kapitel 9) sollte der Projektleiter eine konstruktiv-kritische Bestandsaufnahme durchführen, die sich sowohl auf die erreichten Ergebnisse als auch auf den Verlauf der Zusammenarbeit bezieht. Hierbei wird er Revisor sein, der eine Projektanalyse durchführt und vielleicht auch Arzt, der dem "Patienten Projektarbeit" Vorschläge zur Gesundung macht und Ratschläge gibt, wie künftig Krankheiten zu vermeiden sind. Sicherlich ist er auch Lernender, der gemachte Fehler künftig vermeiden möchte.

Neben den hier beschriebenen Rollen gibt es noch eine Reihe anderer Rollen, von denen wir hier nur einige nennen: der Projektleiter ist während seiner gesamten Tätigkeit Planer und Kontrolleur, er ist sehr häufig auch der Experte für die Sachfragen und er ist Diplomat, mit der Aufgabe, die manchmal schwierigen politischen Prozesse so einzuschätzen und zu steuern, daß die Sache nicht darunter leidet.

Zu einem ähnlichen Ergebnis wie wir kommen die Teilnehmer unserer Projektleiter-Trainings auch, wenn wir die Frage stellen: Von welchen Berufen sollte der Projektleiter Anteile haben?

Diese Abbildung ist ein typisches Bild über die Rolle des Projektleiters.

Fühlen Sie sich von der "zeitgenössischen Darstellung eines Projektleiters" auch ein wenig erschlagen? Muß er nicht ein Supermann oder sie eine Superfrau sein, die all diese verschiedenen Rollenelemente 'vom Softwareentwickler bis zum Tiefenpsychologen' qualifiziert einnehmen möchte? Versteht jemand diese Rollenelemente im Sinne "das muß ich alles können", dann bleibt in der Tat nur die Entscheidung zur tiefen Resignation, es sei denn, jemand ist wirklich eine Superfrau bzw. ein Supermann. Die zweite Möglichkeit, die Dinge zu betrachten, bietet mehr Hoffnung. Wir können sie auch als Lernchance sehen, sich kontinuierlich und schrittweise zu qualifizieren und auf diese Weise Lücken zu schließen. Wir können uns auf den Weg machen in der Erkenntnis, daß der Weg das Ziel ist.

10.3.2 Was ist ein Anforderungsprofil und welche Funktion hat es für die Praxis des Projektleiters?

Um den Kurs zu bestimmen, muß man wissen, wo man hin will. Man braucht also Orientierung. Ein Anforderungsprofil ist ein Orientierungsrahmen, der die Aufgabe hat, einen Soll-Ist-Vergleich der Qualifikation zu ermöglichen. Für die Praxis stellen sich folgende Fragen:

1. Welche Fähigkeiten sollte ein Projektleiter haben?

   Bei dieser Frage wollen wir drei Dimensionen beruflicher Qualifikation unterscheiden:[1)]

   - Fachwissen
     Die Fachkenntnisse hängen unmittelbar mit der spezifischen Aufgabenstellung des Projektleiters im Unternehmen zusammen, beispielsweise Kenntnisse über die betrieblichen Abläufe oder über DV-Programme für Materialwirtschaft, wenn der Projektleiter in diesem Bereich tätig ist.

   - Methodische Qualifikation
     Methodisches Know-how ist das zweite Standbein der Qualifikation. Es beinhaltet die Kenntnis und das Beherrschen von Methoden und Techniken des Projektmanagements. Hierzu gehören die Kenntnisse über Projektplanungsmethoden bis hin zu Präsentations- und Problemlösungstechniken.

   - Soziale Qualifikation
     Zur sozialen Qualifikation des Projektleiters gehören die Fähigkeit der Gruppenführung, das Beherrschen von Gesprächsführung und auch das Durchsetzungsvermögen des Projektleiters. Soziale Qualifikation ist nicht identisch mit Kenntnissen über Kommunikations- und Gruppenarbeitsregeln, dazu gehört als Fundament die Autorität und die persönliche Sicherheit des Projektleiters. "Keine Methode ersetzt

---

1) Lomnitz/1985/S. 384 f

persönliche Wärme, Toleranz und positive Einstellung zum Menschen."[1] Regeln und Techniken sind allerdings eine wichtige Ergänzung.

2. Wie schätzt der Projektleiter seine momentane Qualifikation ein oder wie wird er von anderen beurteilt?

Aus der Beantwortung beider Fragen ergibt sich die Möglichkeit, Qualifikationsschritte zu planen, um vom Ist-Zustand dem Soll näher zu kommen. Der Projektleiter kann sich also die Frage stellen: Was muß ich tun, um mich dem Anforderungsprofil entsprechend zu qualifizieren?

3. Worauf muß bei der Entwicklung eines Anforderungsprofils geachtet werden?

Bei der Entwicklung eines Anforderungsprofils muß man sich an der gegenwärtigen und zukünftigen Aufgabenstellung der Projektleiter im Unternehmen orientieren. Die Frage lautet:

"Welche Erwartungen werden heute an die Projektleiter gestellt und wie werden sich diese Anforderungen in nächster Zeit entwickeln?"

Es reicht also nicht aus, nur momentane Aufgabenstellungen und Erwartungen zu formulieren, sondern auch die Zukunft sollte antizipiert werden, um notwendige Lernprozesse zu planen. Dazu ist es selbstverständlich notwendig, mit Hilfe einer Rollenanalyse am Rollenverständnis der Projektleiter und am Selbstverständnis des ORG/DV-Bereiches zu arbeiten. So bieten sich folgende Fragestellungen an:

Was ist das Selbstverständnis des ORG/DV-Bereiches?
Wie sieht er seine Arbeit momentan und welches Verständnis von Projektarbeit soll entwickelt werden?
Hierbei ist insbesondere die Frage angesprochen, inwieweit sich der ORG/DV-Bereich als "Dienstleister" für die anderen Fachabteilungen definiert.

---

1) R. Cohn/1980/S. 114

Was bedeutet das für die Rolle des Projektleiters?

Welche konkreten Qualifikationsanforderungen ergeben sich daraus für den einzelnen Projektleiter?

Welche Rahmenbedingungen müssen geschaffen bzw. verändert werden?

- Anforderungsprofile müssen sowohl auf das Unternehmen als auch auf die Aufgabenstellung des Projektleiters zugeschnitten sein. Sie müssen dem Stil des Unternehmens entsprechen. Das verlangt Maßarbeit.

- Das Anforderungsprofil bringt wenig, wenn die Mitarbeiter nicht die Möglichkeit haben, sich systematisch zu qualifizieren. Es ist ein Instrument zur kontinuierlichen Personalentwicklung und kein Druckmittel.

- Anforderungsprofile müssen operational sein, die formulierten Punkte müssen also überprüfbar sein. Es reicht beispielsweise nicht aus, wenn in einem Anforderungsprofil steht: "Kommunikationsfähigkeit". Diese zu allgemeine Formulierung sollte spezifiziert werden: "Kommunikationsfähigkeit" bedeutet für uns:
  = andere Meinungen akzeptieren können
  = Einfühlungsvermögen besitzen
  = aktiv zuhören können
  = sich verständlich ausdrücken können

  Schon aus diesem kleinen Ausschnitt wird deutlich, wie genau ein solches Profil zu erstellen ist.

- Das Anforderungsprofil ist keine statische Angelegenheit. Von Zeit zu Zeit sollten die einzelnen Punkte auf ihre Gültigkeit hin überprüft und gegebenenfalls modifiziert werden. Durch Projekterfahrungen, durch neue Tools oder durch die stärkere Einbeziehung der Endbenutzer können sich veränderte Anforderungen ergeben. Das Anforderungsprofil verlangt "Wartungsarbeit".

- Das Anforderungsprofil als Instrument der Personalentwicklung sollte von den betroffenen Projektleitern akzeptiert werden. Aus diesem Grunde ist es ausgesprochen unsinnig, es mittels Anweisung von oben herunter zu diktieren. Das Anforderungsprofil kann von den Projektleitern selber entwickelt werden bzw. von einer Arbeitsgruppe. Auf jeden Fall muß mit allen Betroffenen sowohl über den Sinn des Anforderungsprofils als auch über die einzelnen Punkte diskutiert werden. Nur so wird es sich als tragfähiger Orientierungs- und Handlungsrahmen erweisen. Denn die Projektleiter reagieren nicht anders auf Veränderungen als betroffene Mitarbeiter aus den Fachabteilungen.

Literatur

a) Im Buch angeführte Literatur

Bahrdt, H.-P. Die Krise der Hierarchie im Wandel der Kooperationsformen; in: Fürstenberg (Hrsg.); Industriesoziologie II; Darmstadt, Neuwied 1974

BIFOA-Forschungsgruppe PORGI
PORGI-Implementierungshandbuch; Köln 1979, WISON-Verlag

Braune-Krickau, M. Umgang mit Widerstand gegen Veränderungen; Unveröffentliches Manuskript; o. J.

Brocher, T. Gruppendynamik und Erwachsenenbildung; Braunschweig, 1967

Cohn, R. Von der Psychoanalyse zur themenzentrierten Interaktion; Stuttgart, 1980

Fliege, B. Weg von der Bürokratie - hin zu mehr Effizienz; Zeitschrift der GDO, 1985

Fromm, E. Die Kunst des Liebens; Frankfurt/M., 1979

Gordon, T. Manager-Konferenz; Hamburg, 1979

Grochla, E. u.a. Das Büro im Wandel durch Informations- und Kommunikationstechnik; in: Forum 1/84

Hansel, J.; Kieser, A. Planung und Organisation der Systementwicklung. Methoden für eine sozio-technische Gestaltung von DV-Systemen; mbp-Trainingshandbuch, 1982

Hansel, J. Verfahrensentwicklung - eine Chance zur Verwirklichung der Partizipation in der Systementwicklung; IKD '82, Proceedings, S. 229ff

Hansel, J. STASYS - Standards zur Systementwicklung; mbp-Projekthandbuch, 1983

Harris, T. Ich bin o.k. - Du bist o.k.; Reinbek bei Hamburg, 1975

Lauterburg, C. Vor dem Ende der Hierarchie; Düsseldorf, 1978

Lauterburg, C. Auf dem Weg zu Kooperation und Partizipation; in: FAZ, 03.07.1977

Lomnitz, G. Umgang mit Widerständen - überflüssiges Ärgernis oder Notwendigkeit; in: Management-Enzyklopädie - Band 9; Landsberg, 1985

Lomnitz, G. Qualifikations- und Motivationsmaßnahmen für ältere Mitarbeiter im Rahmen von organisatorischen Veränderungsprozessen; I.P.O.-Trainingshandbuch; 1983

Lomnitz, G. Von der Personal- zur Organisationsentwicklung; in: Harlander u. a.; Praktisches Lehrbuch der Personalwirtschaft; Landsberg, 1985

Lomnitz, G. Rollenanalyse des Projektleiters; I.P.O.-Arbeitsunterlage; 1984

Neuberger, O. Miteinander arbeiten - miteinander reden! München, 1981

Nevis, E. Gestalt-"Awareness"-Prozeß in der Organisationsdiagnose; in: Gruppendynamik 4/1983, S. 359ff

Rademacher, G. Projektmanagement, Verantwortung vernebelt; in: Wirtschaftswoche Nr. 48, 1983

Rieckmann, H. Offene Systemplanung - Ein Element strategischer Unternehmens- und Organisationsentwicklung; in: Organisationsentwicklung, 3/82

Rogers, C. Entwicklung der Persönlichkeit; Stuttgart, 1973

Schulz von Thun, F. Miteinander reden: Störungen und Klärungen; Reinbek bei Hamburg, 1981

Ulich, E. Arbeitspsychologische Konzepte und neue Technologien; in: Organisationsentwicklung, 3/84

Voigt, B. Gruppendynamik - eine Möglichkeit zur Erweiterung der persönlichen Kompetenz in sozialen Berufen; in: Archiv für Wissenschaft und Praxis der sozialen Arbeit Heft 4/75

G. Westerlund, S.-E. Sjöstrand Organisationsmythen; Stuttgart, 1981

Weisbach u.a. Zuhören und Verstehen; Reinbek bei Hamburg, 1982

b) Ausgewählte Literatur zum Thema "Projektmanagement"

I. Bücher

Balzert, Helmut Die Entwicklung von Software-Systemen; Bibliographisches Institut 1982 Reihe Informatik; Bel 34 ISBN-3-411-01618-3

Herausgeber Daenzer, W.F. Systems Engineering; Verlag Industrielle Organisation; Zürich ISBN-3-85743-864-9

End, Wolfgang; Gotthard, Horst; Winkelmann, Rolf Softwareentwicklung, Leitfaden für Planung, Realisierung und Einführung von DV-Verfahren; Siemens ISBN 3-8009-1310-0 3., überarbeitete und ergänzte Auflage, 1980 (1976)

Groth, Rainer Projektmanagement in Mittelbetrieben; Planung und Durchführung einmaliger großer Vorhaben; Hrsg. Wuppertaler Kreis; Köln, Deutscher Instituts-Verl. 1983

Hansel, Jürgen; Kolf, Frank Projektplanungs- und -steuerungsmethodiken (PSM) - Überblick über verfügbare PSM und Einsatzmöglichkeiten bei der Gestaltung rechnergestützter Systeme für die Unternehmensplanung; Köln, Wison-Verlag, 1978 BIFOA-Forschungsbericht 78/1

Kupper, Hubert — Zur Kunst der Projektsteuerung; Qualifikation und Aufgaben eines Projektleiters bei DV-Anwendungsentwicklungen; München, Wien: Oldenbourg 1985

Madauss, Bernd-J. — Projektmanagement; Ein Handbuch für Industriebetriebe, Unternehmensberater und Behörden; Stuttgart, Poeschel, 1984

Pinkenburg, Henry F. W. — Projektmanagement als Führungskonzeption in Prozessen tiefgreifenden organisatorischen Wandels; Theoretische Perspektiven und praktische Erfahrungen bei Reorganisationen, dargestellt am Beispiel der Einführung von EDV-Systemen; München, Universität, 1980

Silverman, Melvin — Technical Managers Survival Book; Mc Graw Hill, 1984 ISBN 0-07-057515-0

II. Zeitschriftenaufsätze

Buss, Martin D. J. — Die Bewertung von Computerprojekten; in: Harvard Manager; 1984, H.2. S. 7-13

Grimmer, Leonhard — Die erfolgreiche Abwicklung von EDV-Projekten; in: Output; Jg 11.1982, H.4. S. 37-41

Hirzel, Matthias — Projektmanagement mit ganzheitlicher Entscheidungsorganisation; in: ZfO, Zeitschrift Führung + Organisation; Jg 52.1983, S. 267-272

Knopf, Helge Siegbert — Projektmanagement: Das Umfeld muß stimmen; in: ZfO, Zeitschrift Führung + Organisation; Jg 54.1985, H.8. (H.8 = Schwerpunktheft zum Thema "Projektmanagement")

Mathys, Dieter P. — Projektmanagement und Projektreview; in: Output; Jg 13.1984, H.2. S. 35-41

Wegmann, Max — Führungszahlen für EDV-Projekte; in: Output; Jg 13.1984, H.12. S. 39-43

Informationen zum Projektleiter-Training

In diesem Buch sind auch unsere Erfahrungen, die wir als Veranstalter und Leiter des Projektleiter-Trainings gemacht haben, eingeflossen. Seit mehreren Jahren führen wir das **"Projektleiter-Training"** als externe und firmeninterne Veranstaltung in Deutschland, in der Schweiz und in Österreich durch. Die Teilnehmer kommen aus den unterschiedlichsten Firmen und Branchen von A wie Albingia Versicherung, B wie BMW, ... L wie Linotype, ... bis Z wie Zahnradfabrik Friedrichshafen. Mittlerweile haben über 500 Projektleiter, angehende Projektleiter und andere Führungskräfte unser Training bzw. ein Aufbau-Seminar besucht. Dabei handelt es sich sowohl um Projektleiter aus dem ORG/DV-Bereich als auch um Projektmanager aus den Bereichen Produktion, Forschung und Entwicklung und Verkauf.

Ziele des Projektleiter-Trainings

Die Teilnehmer des Trainings lernen, von welchen "nicht-sachbezogenen" Einflußfaktoren der Projekterfolg abhängig ist und welche Möglichkeiten (Methoden, Regeln und Instrumente) es gibt, um die Zusammenarbeit in einer Projektgruppe und mit anderen Projektbeteiligten und Betroffenen zu verbessern.
Dabei werden insbesondere folgende Problemkreise bearbeitet:

- Wie gestalte ich einen effizienten Projektbeginn ("ein Projekt beginnt")?
- Wie motiviere und führe ich ein Projektteam? ("Motivation")

- Wie erreiche ich akzeptierte Lösungen? ("Umgang mit Widerstand")
- Wie erreiche ich durch Projektgruppenarbeit sinnvolle und realisierbare Ergebnisse? ("Gruppenarbeitsregeln und Gruppenprozeß-analyse")
- Wie verhalte ich mich bei Hierarchieeinflüssen auf das Projekt, welche Möglichkeiten habe ich? ("Hierarchie")
- Wie gestalte ich einen systematischen Projekt-abschluß?

Neben dem Projektleiter-Training haben wir in der Zwischenzeit auf Grund von Teilnehmerwünschen einige Aufbau-Seminare entwickelt:

1. Umgang mit Autorität und Hierarchien in Projekten
2. Grundlagen und Techniken der Gesprächsführung für Projektleiter
3. Erfolgreich arbeiten im Team - Gruppendynamik und Gruppenarbeitsregeln

Noch ein Wort zur Methode: Die Trainings sind so aufgebaut, daß die Teilnehmer mit den vermittelten Inhalten unmittelbar in der Veranstaltung im Sinne des "living learning" Erfahrungen machen können. Neben notwendigen Informationseinheiten zu den einzelnen Themen werden Übungen durchgeführt, die sich aus den Praxisproblemen der Teilnehmer ergeben bzw. sich auf die Alltagsprobleme beziehen. Die Gruppe selbst bietet Möglichkeiten, konkrete Erfahrungen z.B. mit den Themen Widerstand, Macht und Autorität, Gruppenarbeitsregeln und Umgang mit Konflikten zu machen. Unsere Veranstaltungen laufen also auf drei Ebenen ab:

- Information (Vermittlung des notwendigen Wissens)
- Übungen (Training von Methoden und Techniken)
- Reflexion von in der Veranstaltung gemachten Erfahrungen.

Wenn Sie sich für unsere Projektleiter-Veranstaltungen interessieren, so stehen Ihnen die Autoren gerne zur Verfügung:

Jürgen Hansel
m b p
Innere Kanalstr. 69
5000 Köln 30
Tel.: 0221/57 90 50

Gero Lomnitz
I.P.O.
Kinkelstr. 14
5000 Köln 41
Tel.: 0221/43 02 016

Sachverzeichnis